# SAINTE ROSELINE

## DES ARCS

DE

## L'ILLUSTRE FAMILLE DES DE VILLENEUVE

RELIGIEUSE CHARTREUSE

1263 A 1329

PAR

## L'ABBÉ A. ARNAUD

CHANOINE

CURÉ-DOYEN D'OLLIOULES (VAR)

AVEC APPROBATION DE MONSEIGNEUR L'ÉVÈQUE DE FRÉJUS ET TOULON

L'odeur de vos parfums est au-dessus
de tous les aromates.
( CANT. DES CANT., IV; 10.)

AUX ARCS (VAR)

CHEZ L'AUTEUR, CHEZ M. LE CURÉ DE LA PAROISSE

AU TOMBEAU DE LA SAINTE

—

1887

# MÉDITATIONS



# L'ÉVANGILE DU DIMANCHE

Pour tous les jours de l'Année et pour les principales Fêtes.

1 beau vol. de 700 pages. . . . . . . . . . . . **2 fr. 50**

Dans les *Méditations* de **M**. l'abbé Arnaud, dont c'est ici la 2ᵉ édition, nous constaterons plusieurs genres de mérite. Elles sont courtes, substantielles, bien divisées, accompagnées chacune d'une élévation à Dieu et d'une pratique pour la journée ; et, de plus, l'auteur a ménagé à la fin une table analytique d'un grand secours pour toute circonstance imprévue.

« On s'est efforcé d'éviter, dans cet humble recueil, nous dit-il, les longueurs et les sécheresses. Un texte, pris dans l'Évangile du Dimanche, fournit chaque jour un sujet de méditation plutôt énoncé que développé, et chaque exercice finit par une parole de la Sainte-Écriture, comme un bouquet spirituel ou une oraison jaculatoire. Le jeudi, le sujet rappelle ordinairement la divine Eucharistie, comme le vendredi, la Passion, et le samedi, notre Auguste Mère. »

Or, ce plan, qui est tout à fait louable, a été fidèlement suivi et rempli.

(*Revue Bibliographique*, juin.)

# SAINTE ROSELINE

## DES ARCS

IMPRIMERIE PAUL BOUSREZ, 5, RUE DE LUCÉ, A TOURS.

# SAINTE ROSELINE

## DES ARCS

DE

## L'ILLUSTRE FAMILLE DES DE VILLENEUVE

RELIGIEUSE CHARTREUSE

1263 A 1329

PAR

## L'ABBÉ A. ARNAUD

CHANOINE

CURÉ-DOYEN D'OLLIOULES (VAR)

**AVEC APPROBATION DE MONSEIGNEUR L'ÉVÊQUE DE FRÉJUS ET TOULON**

> L'odeur de vos parfums est au-dessus
> de tous les aromates.
> ( CANT. DES CANT., IV; 10.)

AUX ARCS ( VAR )

CHEZ L'AUTEUR, CHEZ M. LE CURÉ DE LA PAROISSE

AU TOMBEAU DE LA SAINTE

——

1887

ÉVÊCHÉ

DE

FRÉJUS ET TOULON

—✠—

Fréjus, le 24 novembre 1886.

MONSIEUR LE DOYEN,

La vie de sainte Roseline, dont vous avez eu la bonté de me donner les prémices, est un beau travail, et je viens, avec un vif sentiment de reconnaissance, vous remercier tout à la fois du bien que cette lecture m'a fait et du bonheur qu'elle m'a causé.

Rien de plus attrayant pour l'esprit et pour l'âme, rien de plus doux !

En lisant vos pages, on sent qu'elles ont été dictées par le cœur, et que vous avez voulu communiquer, à tous, vos sentiments de vénération pour la sainte qui a protégé et béni votre enfance.

Dans un style aussi clair qu'élégant, aussi simple que noble, vous avez peint tout ce qui peut être un encouragement et un exemple pour les âmes, et pour sainte Roseline une gloire et un triomphe.

Aussi votre livre, je n'en doute pas, sera très utile à ceux qui en feront une étude attentive, et contribuera puissamment à développer la dévotion et la confiance envers la patronne des Arcs.

Cette œuvre vous fait donc honneur et, de plus, vous laisse le mérite d'une bonne action, dont je vous félicite très sincèrement en vous priant d'agréer, monsieur le Doyen, l'expression de mes plus respectueux sentiments.

F. HENRI,
Évêque de Fréjus et Toulon.

# S. R.

A vous, frères des Arcs, bien chers compatriotes et gardiens fortunés de sainte Roseline, je dédie ces modestes pages, tardif tribut d'amour que je devais à notre patronne, et qu'il m'est doux en ce jour d'acquitter.

Tout est pour nous souvenir ici ; tout nous parle de notre Sainte : la tour et ses antiques ruines que l'œil jamais n'a revues sans larmes ; l'Argens aux eaux salutaires, et le Réal capricieux ; le cloître et l'ombre des grands arbres ; le murmure si doux du limpide ruisseau ; mais par-dessus tout la chapelle et son tombeau si précieux.

C'est ici qu'ont prié nos pères ; ici qu'en notre enfance nos grand'mères nous conduisaient. Aux jours solennels de la vie, nous sommes tous venus implorer sainte Roseline ; elle a béni le départ et l'absence, et c'est à son tombeau que l'on vient rendre grâces pour un heureux retour.

Prétendre vous la faire aimer, serait une injure à tout votre passé. Qui ne sait combien elle est chère aux habitants des Arcs la glorieuse Roseline ? Qui ne connaît votre orgueil légitime de l'avoir pour compatriote, et la jalousie sainte qui vous fait veiller à sa garde, au respect dû à son tombeau ?

Relisez dans cet humble écrit les naïves légendes que racontaient nos pieuses mères. Apprenez à l'école de sainte Roseline à détacher vos cœurs des faux biens de la terre pour posséder comme elle les richesses du ciel !

Ollioules, 16 octobre 1886.

Fête de sainte Roseline.

# SAINTE ROSELINE

## DES ARCS

I



NAISSANCE DE SAINTE-ROSELINE. — MERVEILLEUSE AURÉOLE. —
LE CHATEAU DES ARCS.

En l'an de l'Incarnation 1263, et le 27 du mois
de janvier, il y eut au château des Arcs une
grande allégresse. Sibylle de Sabran donnait à
son noble époux Géraud Arnaud de Villeneuve,
Seigneur des Arcs, de Trans, de Flayosc, de la
Motte et d'Esclans, une enfant qui devait pro-
jeter plus d'éclat sur cette antique race que les
hauts faits de ses vaillants aïeux.

Tandis que le chapelain prosterné répandait
ses prières, le père, entouré des gens de sa
maison, attendait anxieux l'heureuse délivrance;
soudain les cris de joie des nobles matrones ont

salué l'arrivée de l'enfant. Ce fut toujours le droit du père de déposer le premier baiser sur le front pur du nouveau-né, mais à peine approchait-il ses lèvres qu'il s'arrêta immobile et saisi de respect : une radieuse auréole illuminait d'un brillant diadème la tête de sa fille ; muet, les yeux pleins de larmes, il s'inclina, adorant le Dieu de ses pères, comme autrefois Jacob, en prévoyant les hautes destinées de cette enfant de bénédiction.

A distance à peu près égale entre Nice et Toulon, par delà l'Argens aux rives escarpées et toujours verdoyantes, le voyageur, qu'amènent à la station des Arcs les chariots de feu, voit sur les flancs de la colline, en face de lui, une tour de forme carrée, aux puissantes assises, mais privée de créneaux. Au temps des incursions mauresques, par un signal élevé sur sa plate forme, elle invitait les colons de la plaine à venir chercher dans la citadelle imprenable, *dans l'Arc*, un refuge assuré contre les ennemis.

Tout aujourd'hui est ruines autour d'elle ; seul, un reste amoindri d'habitation antique est demeuré debout, le peuple l'a nommé *la chambre de Madame* : c'est là, selon la tradition, que serait née sainte Roseline.

Pèlerin ou touriste, utilisez l'arrêt que le train forcément vous donne et venez visiter ces ruines. Ne vous arrêtez, à l'entrée du pays, ni devant le marché grandiose, à grand frais ouvert dans le roc, ni sur la vaste place hardiment jetée sur un gouffre, ni sur la gracieuse allée de marronniers qui ne peut effacer dans notre souvenir les arbres gigantesques dont ils tiennent la place ; suivez à votre gauche le Réal aux bords pittoresques, jusqu'au fond du vallon merveilleux par l'escarpement de ses rives, par ses frais tapis de verdure, par le doux murmure des eaux ; déclinez sur la droite, sous vos pas s'ouvre la voie, aujourd'hui solitaire et jadis si bruyante, qui conduit au château. Mesurez du regard l'étendue, le site enchanteur de ce fort de défense facile et de tous points inaccessible. Sa porte, la porte du miracle, en son style du XIIIe siècle est encore debout, mais nul devant vous n'abaissera le pont-levis.

Entrez dans l'aire du Castrum, foulée si longtemps par les pieds des seigneurs et des hommes d'armes. De ces hauteurs enchanteresses, promenez au loin vos regards, et vous verrez se dérouler, à tous les points de l'horizon, un des plus ravissants panoramas de la riche Provence.

A vos pieds, pressées contre le rempart comme des filles effrayées sur le sein de leur mère, des maisons noircies par le temps, la plupart aujourd'hui désertes. A leur suite, s'allongeant sur la plaine, sur les fraîches rives du Réal, ou se groupant avec respect aux alentours de la superbe église, des maisons plus récentes, des rues mieux espacées qui semblent, il est vrai, ne craindre aucune incursion, mais qui resteraient impuissantes contre la moindre attaque.

Au fond, la vaste et plantureuse plaine baignée par les flots si purs de l'Argens et qu'enferme d'un sombre rempart la chaîne des Maures au souvenir si douloureux. Mais Dieu a voulu qu'aujourd'hui par les bois de construction, par l'écorce des chênes-liège, par les marrons si recherchés, l'abondance coule de ces montagnes d'où, pendant tant de siècles, est sortie la dévastation.

Vers l'est, sur la rive droite de l'Argens, les rochers dentelés de Notre-Dame de Roquebrune; dans le lointain, sur la rive opposée, les croupes houleuses de l'Estérel, dont les gorges profondes servirent si longtemps de repaire aux bandits; au fond de ce vaste horizon, Fréjus et sa plage brûlante qui se confond avec la mer.

De ces hauteurs inaccessibles et que défendaient dans tout leur contour de nombreuses tours, *arcs*, ou citadelles, on voyait au loin venir l'ennemi, on surveillait sa marche, on préparait la défense, on rendait l'attaque impuissante.

Et, pendant de longs siècles, tant que dura l'invasion sarrasine, le château des Arcs resta la forteresse la plus importante de la Provence orientale.

Là fut le berceau de sainte Roseline dont les précieuses reliques sont pour les Arcs un rempart plus puissant que les créneaux de l'antique manoir dont rien, hélas! ne reste; rien, sinon au delà des murs du château, dans l'enceinte première du Castrum, une maison de chétive apparence et que distingue encore sa fenêtre cintrée avec son droit menot. Là résidait la nourrice de Roseline; et quand elle allaitait cette innocente enfant, elle devait modestement se couvrir d'un voile pour que la jeune vierge osàt s'approcher de son sein.

II



Depuis le premier-né de la femme, dont le nom symbolique rappelait la joie d'une mère *en possédant un homme*, jusqu'à Jean, l'heureux précurseur, désigné nommément par l'ange, au grand étonnement des parents, l'imposition d'un nom au nouveau-né préoccupa toujours sérieusement la famille.

Dieu qui nommait par leur nom Jérémie dans le sein de sa mère, et Cyrus, deux siècles avant sa naissance, connaît aussi le nom de ses élus. S'il n'intervient que rarement d'une manière ostensible et directe, peut-on affirmer que son intervention soit complètement étrangère au nom qu'on va lui imposer?

A quel souvenir, à quelle pensée, à quelle inspiration céda le noble châtelain des Arcs en donnant à sa fille aimée le nom de Roseline? On a dit que d'abord on la nomma Jeanne, et que le miracle des roses la fit appeler Roseline. Mais aucun monument, aucun reste de tradition ne confirme cette gratuite assertion.

Le doux parfum des roses qu'exhalait autour d'elle Sibyle en portant l'enfant dans son sein;

la vision qui lui fut montrée d'une rose fraîche,
mais sans épines et dont le parfum embaumait
la contrée, n'étaient-ils point comme un signal
du ciel, une révélation du nom si gracieux de
Roseline, que de saints personnages avaient
déjà porté, entre autres une illustre prieure du
couvent de la Celle, tout près de Brignoles?

Le nom vrai, le nom primitif, tel que toujours
l'a prononcé le peuple, et comme on le lit dans
le bréviaire et dans tous les textes latins, était
*Rossolina, Rossoline.*

Les chartreux dans leur cartulaire, et sur leurs
médailles; Bouche dans son histoire, les Bollan-
distes après lui, et surtout les familles des de
Villeneuve l'ont transformé, non sans grâce,
au nom de Roseline qui a prévalu aujourd'hui.

Ce n'est pas Jean-Baptiste seul qui fut par sa
naissance un sujet d'allégresse; quand un saint
vient au monde, écrit saint Ambroise, l'Église
entière se réjouit.

Il y eut donc grande liesse au château des
Arcs et parmi le peuple, à la naissance de
Roseline. L'éclat de l'auréole qui couronna son
front naissant ne réjouit pas les yeux seuls du père,
beaucoup en furent témoins et le bruit qui s'en
répandit au dehors fut un grand sujet de consolation. Comment ne pas voir dans cette manifestation divine un présage de l'avenir? Que
sera cette châtelaine? l'espérance du peuple,
l'honneur de la famille et la joie de l'Église.

Des libéralités aux indigents, des exemptions

dans les corvées, la liberté aux serfs, aux gens du bourg des privilèges, des largesses à tout le peuple signalaient en ces temps la naissance d'un héritier. Or, Roseline était l'aînée d'une religieuse famille qui devait compter onze enfants tous glorieux aux yeux du monde, tous saintement dévoués à l'Église, et plusieurs grands même devant Dieu. La joie fut donc vive et la libéralité magnifique. Celui que l'on nommait Arnaud le libéral, Arnaud le magnifique, qui ravissait le peuple par ses somptuosités généreuses, se montra digne de son nom à la naissance de Roseline.

La chapelle du vieux manoir où la noble enfant reçut le baptême, plus tard la confirmation et le pain de l'Eucharistie, est peut-être encore debout à droite du portail ; elle sert de parc aux brebis, et quoiqu'on ne puisse rien affirmer sur son antique forme, il est permis de conjecturer que là, primitivement, fut la chapelle du château.

Comment s'écoula la première enfance de Roseline ? Quels actes de tendre piété, d'humble docilité, de religieuse obéissance ont signalé ses débuts dans la vie ? Quand par le saint baptême l'Esprit divin prend possession d'une âme, et la remplit de tous ses dons, ces germes sacrés, qui lentement se développent, deviennent dans les facultés des habitudes surnaturelles, des facilités, des inclinations vers le bien et rendent comme naturels à l'âme fidèle les actes de vertus inspirés par la grâce. Mais il faut, écrit saint Bernard, qu'une main délicate et amie préserve cette tendre fleur contre le frimat glacial et le souffle de l'aquilon. Heureuse obligation d'une mère chrétienne ! Tendre sollicitude d'un père religieux ! Quand les conseils de la famille, les leçons domestiques, les exemples de tous les jours forment le cœur et l'âme des enfants, le père alors, dit la sainte Écriture, voit sa jeune famille, gracieuse couronne, se grouper autour de sa table, pareille à des plants de verts oliviers.

Sibylle de Sabran appartenait à la forte race des Blanche de Castille, des Marie de Hongrie, les glorieuses mères de saint Louis, roi de France, et de son neveu saint Louis de Brignoles. Elle savait, comme elles, inspirer à ses nombreux enfants, avant tout, la crainte de Dieu et l'horreur du péché plus encore que la mort.

Laissez donc cette âme innocente, à l'ombre du toit paternel, s'épanouir aux doux rayons de la grâce divine, et, croître en sagesse et en âge ; elle réjouira de ses vertus, chaque jour grandissantes les regards complaisants de Dieu, des anges et des hommes.

, A l'âge de sept ans, avant de s'asseoir à la table mystique, selon l'ordre même des sacrements, et conformément aux prescriptions de l'Église, elle reçut des mains de l'évêque de Fréjus le sacrement qui rend parfait le disciple de Jésus-Christ, et remplit l'âme du chrétien

fidèle des sept dons merveilleux de l'Esprit du Seigneur.

Dieu manifesta de nouveau, aux yeux du pontife et de l'assistance, sa prédilection et ses desseins secrets sur cette jeune vierge.

Pendant que le doigt de l'évêque marquait de l'onction sainte et du signe sacré le front de Roseline, le prodige de sa naissance se renouvela devant tous. Une lumineuse auréole ceignit soudain, comme un diadème de gloire, sa tête radieuse. Le pontife, tremblant d'émotion devant cette manifestation de l'Esprit, adorait en silence, pendant que la foule, émue jusqu'aux larmes, croyait voir un lointain reflet du rayonnement du Cénacle.

En ce jour, le Seigneur la marqua du sceau de son Esprit, et versa dans son âme les dons sept fois mystérieux :

*La crainte*, qui révère en Dieu un père bon, mais juste, qu'on doit redouter d'offenser.

*La piété*, qui incline l'âme vers tout acte de religion.

*La science*, qui fait voir le *vrai* en toutes choses, le néant des biens matériels, le prix de la souffrance et de tout sacrifice.

*La force*, qui donne à la fois le courage d'entreprendre pour Dieu de grandes œuvres, et la confiance de les accomplir malgré les obstacles.

*Le conseil*, qui fait décerner avec certitude les vrais moyens d'aller à Dieu selon l'âge, l'état et la condition de toute âme.

*L'intelligence*, qui fait pénétrer les vérités surnaturelles, comprendre la parole sacrée et voir la main de Dieu dans les événements de ce monde.

*La sagesse*, lumière encore plus abondante, qui non seulement voit 'plus clairement, mais qui surtout *goûte*, aime tout ce qui tient à Dieu et s'y complaît par-dessus toutes choses.

A quel âge, en quel jour, en quelles circonstances Roseline fut-elle admise pour la première fois à la Table sainte ? Quels sentiments, quelles émotions remplirent son âme, et de quelle abondante effusion de grâces divines fut-elle remplie ? Quelles résolutions, quels généreux projets germèrent alors dans son cœur sous le feu de l'amour ?

L'âme, comme le prophète, a son secret qu'elle garde, et les mystères de l'intérieur sont le vin si doux des grenades que la chaste épouse réserve à son bien-aimé seul.

Mais il est permis de penser qu'en ce jour, où l'amour d'un Dieu répand sur une âme ses plus douces caresses, fut, pour le cœur de cette enfant de prédilection, le jour où, par un acte héroïque, elle se voua par le vœu de virginité au seul amour de son Dieu, où l'appel à la vie du cloître se fit entendre à l'âme et pour toujours fut accepté.

# III



Job se glorifiait d'avoir reçu dès le sein de sa mère, avec le souffle de la vie, l'amour des malheureux, et son cœur, au fort de l'épreuve, se consolait à la pensée qu'il fut l'œil de l'aveugle et le pied du boiteux.

Mais depuis que le Fils de Dieu, riche au sein de son Père, s'est fait pauvre pour nous, et qu'il a dit : Heureux les pauvres ! l'amour des indigents devint la vertu de ses amis. Souvenez-vous des pauvres, écrivait à son tour saint Paul ; dire à qui souffre de la faim, frère prenez patience, c'est, ajoute saint Jacques, amère dérision et froide cruauté. Et qui, poursuit le bien aimé disciple, s'il n'aime et ne secoure le frère qu'il a sous les yeux, peut dire en vérité : J'aime Dieu invisible ? C'est ainsi, conclut saint Grégoire, que l'amour du Seigneur et l'amour du prochain sont deux amours inséparables.

Dirons-nous encore que le doux Sauveur, au saint Évangile, montre un si grand amour à l'endroit des pauvres, qu'il regarde fait à lui-même tout ce qu'on fait en leur faveur ? Pour préserver les trésors de la rouille, il veut qu'on les fasse arriver au ciel par l'entremise sûre des indigents ; et au jour des vengeances, il n'a de récompense que pour ceux qui l'ont secouru dans ses membres, les malheureux.

Docile aux inspirations de l'Esprit, fortifiée par l'exemple des saints dont la vie, pieusement lue au sein des familles, formait les grandes âmes, portée à la miséricorde par les exemples domestiques, Roseline, dès son enfance, s'inclinait vers les malheureux.

Enfant, elle aimait à distribuer son pain aux pauvres de son âge, donner de petits vêtements, et ces objets de rien si aimés des enfants, ces mille instruments de récréation que prise tant le pauvre, par cela seul qu'il en est privé.

Jeune encore par l'âge, et déjà mûrie par la grâce, on la voyait, sous la sauvegarde d'une servante de sa mère, confidente de ses largesses, quitter vers la nuit le manoir, parcourir les ruelles étroites, aujourd'hui désertes, alors trop peuplées, et s'arrêter partout où le malheur réclamait sa présence.

Connue de tous, elle savait la demeure et le nom de tous les sujets de son père, et, messagère heureuse ardemment attendue, elle apportait du pain aux affamés, des vêtements aux pauvres, aux malades des soins, à ceux qui souffraient d'utiles remèdes, à tous de douces paroles, des conseils salutaires et d'abondants secours.

D'une taille élancée, d'un port noble mais gracieux, d'un regard toujours bienveillant, le front radieux, le sourire aux lèvres, elle se distinguait, quoique fille du châtelain, par sa mise simple et modeste, par la sagesse de ses paroles, par son maintien calme et réservé et par ses dehors ni feints ni dissimulés de piété sincère qui portent au loin, comme dit saint Paul, la bonne odeur de Jésus-Christ.

Ainsi le racontent nos pères, fidèles échos de la tradition ; ils affirment qu'on disait d'elle, comme de saint Éloi : Voulez-vous savoir sa demeure ? suivez l'affluence du peuple. Et si vous la cherchez au dehors, le concours seul des indigents vous la fera connaître.

La prudence de l'homme, en vue de l'avenir, met des bornes à ses largesses ; et puis l'indignité, l'abus, l'ingratitude en ceux que l'on secourt ! Le pauvre est par lui-même si peu digne d'amour ! son âme à l'intérieur est moins riche et plus rebutante que son corps à l'extérieur.

Tel n'est pas le langage de la prudence sainte, elle donne, disperse et prodigue ses biens avec imprudence, connaissant celui qui a dit : Je restituerai, et le sachant assez puissant pour faire, comme dit saint Paul, arriver l'abondance quand tous les biens seront épuisés.

Or, en ces jours, grande famine sévissait en Provence. Des guerres locales, des invasions partielles, avaient porté partout la dévastation ; la sécheresse, si fréquente dans nos contrées, n'avait pas permis à la semence, tardivement confiée à la terre, de mûrir son fruit. Le pain manquait dans les familles, la vigne avait coulé, et, selon la parole du prophète, le fruit si doux de l'olivier avait menti à sa promesse. On ne connaissait point encore cette pomme si précieuse, qui de nos jours semble défier la famine. Le peuple souffrait, les affamés réclamaient du pain, les pauvres, toujours plus nombreux, par là même plus exigeants, assaillaient nuit et jour les portes du château. Le seigneur et sa noble dame donnaient abondamment, et les serviteurs effrayés se demandaient si les celliers bientôt épuisés pourraient de nouveau se remplir.

Mais rien ne liait les mains de Roseline, sans cesse chargées de pains et de provisions enlevées partout ; elle donnait sans mesure, distribuait sans compter, rassasiait les affamés qui se pressaient autour d'elle sous les remparts, sans oublier ceux que retenait dans leur demeure la honte ou l'infirmité.

C'était, disait le cellerier, une prodigalité sans exemple, une libéralité téméraire, une prochaine ruine, et l'indigence à prompte échéance pour tous les serviteurs du manoir.

Ni le noble et généreux Arnaud, ni Sibylle, sa pieuse compagne, n'eussent osé blâmer la charité de Roseline, leur fille ; leur cœur s'en applaudissait, reconnaissant en elle la libéralité de leur race, la générosité de leur noble sang.

Il fallut cependant céder aux importunités de l'économe ; les celliers allaient être vides, la

dilapidation demandait un terme. Arnaud cède
à regret, il se dissimule et se cache près de la
porte extérieure qui ouvrait sur la cour ; il n'at-
tendit pas longtemps: joyeuse, empressée, Roseline descend d'un pas hâtif, les pans de sa robe de
soie chargés de pains, enlevés au cellier. « Ma
fille, dit le père, feignant un air sévère que dé-
mentait son cœur, vos largesses nous ruinent ;
que portez-vous encore en votre tablier? — Père,
répond la vierge, des roses fleuries, c'était au
fort de l'hiver, dans le mois de janvier. »

Des larmes de joie, des embrassements prolongés, d'ardentes paroles de bonheur et d'amour
répondirent à ce miracle.

Que nul désormais n'ose rien opposer aux
libéralités de Roseline; et il n'est pas dit que les
nombreux serviteurs aient vu leur pain manquer,
ou leur ration amoindrie. Les pauvres furent
secourus, les indigents eurent du pain, sinon à
satiété, du moins suffisamment pour résister à
la famine qui disparut avec les fleurs précoces
de la belle saison.

Le miracle des roses est demeuré pour sainte
Roseline le signe distinctif; bien qu'il eût eu
lieu dans la maison paternelle, pour en perpé-
tuer le touchant souvenir, on l'a toujours repré-
sentée sous son blanc habit de chartreuse,
portant de fraîches fleurs dans les pans de son
scapulaire.

Pendant la veillée de prières, qui de temps
immémorial s'accomplit chaque année auprès

des saintes reliques, les pèlerins venus de lointaines contrées charment les longueurs de la
nuit par de naïfs cantiques en langue provençale.
et *les roses fleuries* ne restent jamais en oubli.

La tradition, écho toujours d'un fait antique, a
nommé *porte du miracle,* la seule ruine du château respectée par le temps.

Que sainte Germaine Cousin, sainte Élisabeth
de Hongrie, à la même époque, et d'autres saints
encore aient eu, en des circonstances pareilles, le
même privilège, de tels miracles se confirment
entre eux et ne font qu'attester combien le
Seigneur est bon, combien il est admirable en
faveur de ses saints.

# IV



Si grand besoin qu'ait le monde de la présence des saints pour arrêter la colère divine, sans cesse provoquée par les iniquités des hommes, il est des âmes d'élite que Dieu veut pour lui seul. Il les appelle à la solitude pour les admettre à ses doux entretiens et pour jouir du parfum qu'exhale devant lui l'épanouissement de leurs héroïques vertus : telles ces fleurs que le regard étonné de l'homme entrevoit sur d'inaccessibles hauteurs et qui n'étalent qu'aux yeux de Dieu l'éclat de leurs riches corolles.

Arnaud et Sibylle, avec cet instinct de l'amour qui jamais ne trompe, avaient depuis longtemps pressenti, en tremblant, qu'un tel trésor ne serait pas pour leur famille seule. Et cependant les illusions ont tant de charme ! Pourquoi Roseline, à l'exemple des vierges primitives, n'accomplirait-elle pas, à l'égard de ses jeunes frères et de ses quatre sœurs, les devoirs de Macrine envers saint Basile ?

Si marchant sur les traces de Blanche de Castille, de sa cousine Delphine, elle contractait une noble alliance, quelle mère héroïque et quelle digne épouse elle serait un jour !

Le miracle des pains laissait peu d'espoir sur les desseins de Dieu, et déjà Roseline avait dit clairement ses résolutions généreuses.

L'amour des parents tenta sur elle une dernière épreuve. Parmi les brillants chevaliers alliés ou vassaux du seigneur des Arcs, qui, par leurs assiduités, manifestaient leur muette aspiration, au premier rang se montrait Roméo du Villeneuve, héritier du nom et de la dignité de grand sénéchal, son aïeul de Vence. Aucune demande n'avait plus d'accès sur le cœur du père et de la mère de Roseline. Une telle alliance renouait les liens de famille, promettait un brillant avenir, et seule était digne du noble cœur de Roseline.

Le Père du ciel lui avait réservé, comme Hilaire à sa fille Abra, un plus noble époux, une alliance plus glorieuse, devant laquelle pâlissait toute humaine alliance. Roseline était destinée à l'Époux des vierges, elle appartenait corps et âme au Seigneur Jésus.

La foi éclairée de nos pères ne savait pas lutter contre l'appel de Dieu. Consacrer un enfant au cloître, vouer à Dieu un membre aimé de la famille, n'est-ce pas attirer sur tous les bénédictions les plus riches par cette offrande des prémices si agréable à Dieu ?

Le cœur pourtant a ses faiblesses et l'amour paternel ne peut sans résistance accepter la séparation.

Ce n'était donc ni refus ni entraves directes

que l'on opposait à la vocation de la vierge ;
des retards, des devoirs, des difficultés sur le
jeune âge des autres frères, l'éloignement du
toit paternel, les longueurs, les périls de la
route ; car il n'était point question de s'enfermer
dans le cloître fraîchement relevé de Celle-Roubaud, mais d'aller au loin, à Bertaud, près de
Gap, se former à l'esprit carthusien près du berceau de l'ordre.

Les larmes de la jeune fille coulaient abondantes, ses prières respectueuses à son seigneur
et père se renouvelaient fréquemment, et Dieu
lui vint en aide. Alors, comme aujourd'hui, l'hospitalité était en honneur dans les familles chrétiennes. Dom Bruno, prieur de Montrieux, en
cours de visite à la Verne, à Celle-Roubaud,
s'arrêta au château des Arcs. Roseline s'ouvrit
à lui, et l'homme de Dieu reconnaissant l'appel
de la grâce fit aisément comprendre au père
qu'il fallait cesser toute résistance. Dieu fut obéi,
l'approbation donnée, le départ arrêté.

Mais comment le réaliser ? La Providence
de nouveau révéla que tout est ordonné en
faveur des élus.

Josselin, évêque d'Orange, ayant accompli
son pèlerinage au glorieux tombeau des apôtres,
à Rome, vint à son tour demander l'hospitalité
au châtelain des Arcs ; c'était vers la fin de
l'année 1278, Roseline avait alors à peine seize
ans.

Le pieux évêque, initié aux confidences de la

vierge, lui promet son appui, et de son autorité de pontife, tranchant tout nouveau prétexte, s'offrit comme Éliézer de conduire au nouvel époux cette innocente Rébecca.

Les adieux furent longs, les embrassements prolongés, les larmes abondantes, la séparation douloureuse. L'amour de Dieu, plus grand que tout amour terrestre, put seul, dit saint Jérôme, arracher la fille des bras de sa mère, détacher de son cou les frères et les sœurs tendrement suspendus.

D'autres bras tenaient Roseline, d'autres mains s'attachaient à ses mains ou pressaient ses genoux. La famille chérie des pauvres lui témoignait, par ses pleurs et ses cris déchirants, son amère douleur. Qui panserait les plaies des infirmes ? qui consolerait la douleur sur sa couche ? qui vêtirait les indigents ? qui veillerait désormais sur les pauvres et qui leur donnerait du pain ?

Si déchirante que fût la séparation, et si universel que pût être le deuil, Roseline offrit d'un cœur généreux, mais brisé, et le visage inondé de larmes, le sacrifice demandé.

Elle partit sous la conduite de l'évêque d'Orange, et Brignoles marqua sa première station. Au couvent des bénédictines de la Celle, elle trouva le souvenir de son bisaïeul qui avait puissamment concouru à la dotation de cette abbaye.

D'autres bénédictines la reçurent à Saint-

Maximin que mettait en émoi l'active recherche des restes précieux de sainte Madeleine, dont l'heureuse invention réjouit la contrée peu de mois après.

Chez son parent, le prince de Salerne, elle connut le prévôt *de Pignans*, Jacques d'Eusse, plus tard évêque de Fréjus et souverain pontife, alors précepteur de cette autre suave fleur de notre Provence, Louis de Brignoles, dont le parfum après cinq siècles embaume encore l'Église de Toulouse.

Après un court repos à Orange et une rapide visite à sa tante, l'abbesse des Clarisses, à Avignon, l'heureuse postulante put enfin se rendre au noviciat des Chartreux, à Saint-André-de Ramires.

Il n'est pas aisé, à si long intervalle, de trouver les motifs qui portèrent la jeune chartreuse à chercher si loin le cloître qui s'ouvrait pour elle aux portes du château de son père. Cette proximité, les dérangements incessants, les obstacles au recueillement qu'apportent toujours les fréquentes visites de frères aimés ; peut-être aussi la difficulté de former des novices dans une maison à peine naissante, des circonstances graves alors, aujourd'hui inconnues, furent des raisons suffisantes pour entreprendre un si lointain voyage ; mais quand la main de Dieu conduit, le terme de la course est toujours rapproché.

V

LE NOVICIAT. — L'EXTASE.

**Le Maître** l'a dit : « Il faut se renoncer si l'on veut marcher à ma suite. » Il est venu pour initier l'âme à une voie nouvelle, frayée par lui-même et dans son propre sang. Devant cette heureuse nécessité de dépouiller le vieil homme, de l'ensevelir dans les eaux de la pénitence, pour renaître à la vie divine et revêtir l'homme nouveau, beaucoup, comme Nicodème, demandent, saisis de frayeur, comment tout cela se peut faire.

Tel est cependant le rude labeur de la vie religieuse, le but final des exercices spirituels. Le juste par d'incessants efforts achève sa justification : les vierges choisies entre mille dans le sein de l'Église, comme les futures épouses d'Assuérus, doivent pendant six mois se purifier dans la myrrhe, symbole de la pénitence, et six mois dans le baume et les plus doux parfums de l'oraison et des saintes prières, avant d'être admises à l'alliance de l'Agneau.

Quitter, comme Abraham, le lieu de sa naissance, la maison de son père et toute sa famille, est un acte héroïque, peu compris des âmes vulgaires.

Fouler aux pieds les vains attraits du monde, renoncer aux richesses, fermer son cœur aux amours de la terre, vivre solitaire et stérile, privé des joies de la famille, dans l'espoir d'obtenir au ciel un nom plus doux que le doux nom de mère, c'est la part d'un grand cœur, d'une âme généreuse.

Mais se donner soi-même, se quitter et se renoncer, vouer son corps à la mort, faire de ses membres, par la privation et la pénitence, une hostie sainte, agréable, sans tâche, un holocauste à la suave odeur; soumettre à toute heure, sans hésitation et sans restriction, sa propre volonté au vouloir d'un autre: enfin, laissant dans l'oubli du passé la position brillante que l'on eut jadis au milieu du monde, et, par humilité, se croire, se dire et se faire petit, se tenir inférieur à ceux que l'autorité recommande, sans considérer ce qu'ils furent auparavant; c'est là, dit saint Grégoire, la marque d'un grand cœur, c'est la science des saints, c'est l'obéissance parfaite qui rend semblable à Jésus-Christ. Roseline pouvait dire à la fin du noviciat: Dès le premier jour, j'ai gardé avec soin toutes ces prescriptions, les plus graves comme les moindres. Car celui qui se cherche dans les petites choses montre au dehors, dit l'auteur de l'Imitation, qu'il n'est point mort à la nature dans l'intérieur de son âme.

Par ce soin attentif de l'âme à n'écouter en rien la voix de la nature, le feu sacré s'entretient dans le cœur, comme jadis le sacrifice perpétuel tenait toujours brûlant l'autel des holocaustes, et l'âme s'élevant de degré en degré, montant de vertu en vertu, arrive promptement au sommet de la sainte montagne, où le Dieu de Sion pour elle n'a plus de secret.

Les élans du cœur, les doux entretiens, les ardentes paroles tendrement échangées entre Dieu et sa créature ; le paisible repos sur le cœur de Jésus, l'oubli du temps, du monde et de tout ce qui passe ; le ravissement de l'amour et le sommeil des sens ; la contemplation dans l'extase, sont des grâces intimes, de gratuites faveurs que Dieu dispense à qui il lui plaît et qui furent toujours le privilège des amis.

Combien de fois l'admirable novice fut-elle, par l'Époux, conduite à part dans les celliers secrets et enivrée du vin si doux des grenades mystiques !

Un jour, suivant l'ordinaire coutume de tout noviciat, la fille du seigneur des Arcs, élevée dans la soie, nourrie dans l'opulence, dut à son tour prendre part aux plus humbles fonctions de la vie domestique. Ceinte d'un modeste tablier, devenue servante des sœurs, elle eut à préparer, dans l'humble salle de la cuisine, le festin frugal de la communauté ; Marie va remplir le ministère de Marthe ; mais rien ne la privera de la douceur de ses entretiens.

Pleine d'ardeur pour répondre aux devoirs de l'obéissance, de ses mains délicates, elle se hâte d'accomplir son emploi. Voici que l'esprit du Seigneur soudain s'empare d'elle, comme autrefois des saints prophètes, et la servante improvisée reste ravie, les mains chargées encore des mets qu'elle veut apprêter.

Mais Dieu a donné des ordres aux anges, et pendant que Marie écoute le Maître, les messagers célestes remplissent pour elle l'office de Marthe.

L'heure approche et la cloche va sonner le dîner; la sœur intendante veut s'assurer par elle-même des apprêts du repas. A son entrée dans les basses offices, les anges disparaissent avec assez de lenteur pour être aperçus; Roseline confuse revient de l'extase et se souvient de son emploi ; elle tombe aux pieds de la mère, implore son pardon, demande un instant de retard, les yeux baignés de larmes et la confusion sur la face. L'heureuse mère des novices l'embrasse avec respect, et lui montrant le repas apprêté, l'invite à bénir le Dieu de Paul et d'Antoine qui donne lui-même à dîner à ses serviteurs. La pieuse communauté se nourrit en ce jour d'un pain préparé par les anges.

Sur le reliquaire d'un si haut prix qui enchâsse les yeux de la sainte, l'artiste, bien inspiré, à tracé sur émail cette scène angélique.

# VI



A trente kilomètres de la ville de Gap, dans un affreux désert, au milieu de rochers dont les sommets, couverts de neiges éternelles, dépassent en hauteur et le *Simplon* et *le grand Saint-Bernard*, entre le Drac et la Durance, les humbles filles de saint Bruno avaient établi leur silencieuse demeure, loin du tumulte et du vain bruit du monde.

Le couvent de Bertaud était pour les chartreuses comme la maison Mère, et Saint-André de Ramires, une station passagère, comme un scolastiquat. C'est à Bertaud que le noviciat s'achevait, que les mères couronnaient les épreuves des postulantes et leur fidélité par l'admission définitive à la profession religieuse.

Roseline vint donc, un an après son départ des Arcs, en 1279, demander pour toujours son admission dans la sainte famille.

Alors, plus qu'en nos jours, chaque contrée avait son histoire particulière, et tandis que la paix régnait sur la frontière, à quelques lieues de là, tout était guerre et dévastation.

Quand Roseline vint à Bertaud, les chartreuses, depuis dix ans, refusaient de reconnaître les droits de l'évêque de Gap, réclamant la dîme de toute plantation de nouvelles vignes. La prudente vierge obtint, de ses sœurs, humble soumission aux droits de l'évêque.

Parmi les seigneurs de ces lieux, plusieurs avaient embrassé le parti des empereurs d'Allemagne et suivi leur exemple pernicieux, en s'exonérant de toute redevance envers les prélats et les monastères, s'arrogeant des droits de suzerain et de spoliateur ; l'archevêque d'Aix avait lancé l'excommunication contre Reynaud de Montauban pour le contraindre, comme jadis le fut Guillaume de Ventavon, *à racheter ses torts, ses violences et ses dommages envers le couvent de Bertaud.*

Le peuple, d'autre part, imbu des préventions semées par les Vaudois, et toujours porté vers de mensongères doctrines favorisant les convoitises, à la suite des seigneurs, méconnaissait les droits des monastères et ne cessait de les piller.

En donnant Roseline à Bertaud, Dieu accordait à la famille Carthusienne un secours puissant et inespéré. Alliée au comte de Provence et aux nobles maisons qui s'y rattachaient, la fille d'Arnaud de Villeneuve fit connaître aux siens les tribulations de ses sœurs.

Pour répondre à ce juste appel, le comte de Provence déploya dans la répression une telle énergie, qu'un an après la profession de Roseline, l'archevêque d'Aix rentrait dans ses droits vainement poursuivis depuis plus de dix ans,

Reynaud de Montauban faisait réparation complète, et les rebelles apprenaient, par de salutaires exemples, qu'aucune rébellion, désormais, ne demeurerait impunie.

Heureux les siècles où les saints dominent ! Bénie la famille religieuse ou terrestre qui possède un ami de Dieu ! Joseph apporta l'abondance chez Putiphar et chez Pharaon, et Dieu n'a jamais cessé d'accomplir son oracle : « Tout prospèrera dans les mains des élus. »

# VII



Conformément aux prescriptions si pleines de sagesse en usage ches les chartreuses, après deux ans passés dans les multiples et rudes exercices du noviciat, Roseline dut par trois fois, dans un même mois, réitérer sa demande pour être admise à la profession religieuse.

La communauté s'estimait trop heureuse d'admettre dans son sein une postulante dont la noble famille et la haute influence brillaient moins encore que les vertus admirées de tous. Sa demande accueillie par une approbation unanime, le saint jour de Noël, 1280, fut choisi pour cette entrée définitive dans la vie du cloître.

Il est peu de spectacles sur cette terre qui impressionnent plus profondément que la vue d'une profession religieuse. C'est la beauté, la jeunesse dans tout son éclat, l'avenir, souvent un beau nom, un esprit distingué, toujours un grand caractère, qui mesurant le temps à l'éternité, la terre au ciel, le monde à la grâce, les hommes à Dieu, estime tous ces avantages recherchés avec tant de sollicitude comme un objet de mépris, comme une vile poussière, et pour toujours se voue à la prière, à la pénitence, à l'oubli, en vue de l'éternité et par amour pour Dieu.

Aujourd'hui comme aux jours de sainte Roseline, à Bertaud comme en tout monastère, chez les chartreuses aussi bien qu'au Carmel, même cérémonial, même sacrifice et mêmes victimes, avec le caractère distinctif qui révèle la fin spéciale de tout ordre par l'immolation du cœur dans la prière, du temps ou du corps au service du prochain.

On voit à l'offertoire la vierge qui s'immole, parée pour la dernière fois des livrées de la terre, demander au pontife d'accepter son offrande. Tantôt assise, tantôt debout, puis à genoux la face contre terre, étendue dans le sanctuaire et couverte du linceul de la mort, pendant que l'on récite à son intention de touchantes prières et que l'on invoque pour elle tous les saints du céleste séjour.

Puis rentrant auprès de ses sœurs et pour toujours abandonnant les livrées du vieil homme, elle paraît ornée de son costume religieux, vraie robe nuptiale, qui promet à la vierge sage une place d'honneur aux noces de l'Époux. Elle écrit sa consécration, la signe de sa main, la baise avec amour et la dépose sur l'autel pour qu'elle soit scellée dans le sang de l'Agneau, et la voilà pour toujours admise au rang des vierges qui attendent sur cette terre l'arrivée de l'Époux divin.

# VIII



L'humble et fervente communauté de Bertaud appréciait l'étonnante vertu de la jeune novice, désormais devenue leur sœur, qui devançait, par les prodiges de sa piété, l'ardeur des dernières professes et la persévérance des anciennes.

Mais Dieu voulait mettre à part Roseline, et, dans un dessein de miséricordieuse tendresse pour la contrée qui la vit naître, il ordonna qu'elle vînt l'embaumer du doux parfum de ses vertus, pendant les longues années de sa vie, et les siècles plus longs qui suivraient son trépas.

Il n'est pas de voix qui monte au ciel plus droit que la voix du pauvre ; Dieu ne sait pas résister au cri de sa douleur. Or, depuis le départ de leur bienfaitrice, les pauvres des Arcs et des contrées voisines ne se consolaient point. Si libérale et si douce que fût la main qui continuait au château de panser les plaies et de distribuer les aumônes, ce n'était plus la main de Roseline.

Les incessantes sollicitations de ce peuple fidèle, qui répondaient si bien aux désirs paternels d'Arnaud de Villeneuve, pouvaient avoir leur poids. Les châtelains avançaient dans la vie ; ils avaient offert au Seigneur leur fils aîné, Hélion, dans l'ordre guerrier de Saint-Jean de Jérusalem ; consacré Sanche, leur seconde fille, dans le cloître de la Celle-Roubaud, dont l'abbesse, leur propre sœur Jeanne, fléchissait sous le poids de la charge et des ans.

Mais ces graves raisons ne semblaient-elles point la voix trop naturelle de la chair et du sang ?

La volonté divine se manifesta clairement par la voix des chefs légitimes, qui ne voyaient pas sans effroi s'étioler ce lis délicat transplanté des tièdes plaines de la Provence sur les froides cimes des Alpes.

Roseline quitta donc Bertaud, en 1283, cinq ans après sa profession religieuse, et vint habiter, jusqu'au jour de la résurrection glorieuse, le modeste cloître de la Celle-Roubaud.

Après la mort du grand empereur, quand les hommes du nord dévastaient la Neustrie, et que notre Provence, à toute heure, était envahie par les Maures venus d'Afrique ou des contrées plus rapprochées de l'Espagne, on vit, comme à la chute de l'empire romain, des âmes touchées de la grâce, et dégoûtées d'un monde qui tombait en ruines, chercher la solitude, méditer les années éternelles et conquérir le ciel en foulant aux pieds des biens si caduques, des richesses si périssables.

C'est au milieu du ix siècle que la tradition

et les monuments les plus respectables placent l'arrivée du solitaire Roubaud dans la contrée qui porte son nom. D'où venait ce mystérieux pèlerin? quelle était la contrée de son origine, sa naissance et sa position dans le monde? quelle fut sa vie au désert? quels ses actes? quels ses mérites? Tout fut écrit par la main des anges, dans le livre des saints; tout est connu de Dieu; tout au grand jour nous sera révélé. Mais s'il a si bien caché ses actions qu'aucune n'est entrée dans l'histoire des hommes, ses œuvres durent être grandes, ses vertus éclatantes pour avoir attiré près de lui de nombreux disciples, pour avoir jusque dans nos jours donné à sa station, à son humble cellule, le nom si populaire et si vénéré de la Celle-Roubaud.

En ces temps de tourmentes, les élus du Seigneur n'étaient pas toujours sûrs de jouir de la paix au fond de leur désert. Et nous voyons, en l'an 1200, les templiers remplacer les solitaires de Roubaud, et faire de son monastère un lieu d'observation et de défense. Ils élevèrent aux alentours un mur d'enceinte qui révèle la même main qui a bâti la chapelle, mise par eux sous *l'invocation* de sainte Catherine, du mont Sinaï.

Les templiers ne gardèrent eux-mêmes que peu d'années cette résidence, ils la cédèrent aux bénédictines de la maison de Souribes, dans le diocèse de Gap.

Les premiers solitaires avaient transformé

d'épaisses forêts en fertiles vignobles ; utilisant les fraîches eaux qui jaillissent aux alentours, ils avaient changé la plaine stérile en prairies verdoyantes. Mais de modestes religieuses ne pouvaient ni améliorer ni conserver de telles cultures. La pauvreté, la disette, l'éloignement de la maison mère et le relâchement de la discipline claustrale firent tomber si bas, en peu d'années, cette communauté, qu'elle ne comptait plus que deux religieuses en 1260.

Le seigneur des Arcs, d'un commun accord avec l'ordre des chartreux, obtint que les bénédictines de Souribes rendraient le couvent aux chartreuses de Bertaud, et, après des restaurations importantes, tout entières dues à la générosité d'Arnaud de Villeneuve, la Celle-Roubaud vit arriver dans son enceinte une colonie de vierges sacrées, conduites par la sœur du restaurateur, Jeanne de Villeneuve. C'est après vingt-cinq ans de supériorat que la digne abbesse eut la consolation de recevoir auprès d'elle sa nièce Roseline, pour la soulager dans le gouvernement de ce monastère modèle.

On dit qu'au bruit de cette heureuse arrivée, la population joyeuse des Arcs se porta tout entière au devant de la voyageuse tant désirée. On voulait contempler l'humble vierge sous le blanc habit des chartreuses et sous le voile monacal, voir son front angélique, recueillir sur son doux visage ce ravissant sourire qui jadis calmait tant de maux, recevoir un de ces regards si pleins d'affection, attestant que l'éloignement ni le temps n'avaient effacé le souvenir de personne ni attiédi les sentiments du cœur.

Le séjour fut de peu d'instants dans la demeure paternelle, la chaste colombe avait grande hâte d'aller se cacher dans le trou de la pierre ; le cloître l'attendait, la voix de l'Époux l'appelait; elle avait accordé à l'amour filial tout ce qu'imposait le devoir, elle s'empressa de s'arracher de nouveau aux embrassements d'une mère et aux larmes d'un père.

Voici le lieu de mon repos, c'est ici que j'habiterai, put-elle dire en franchissant le seuil du bien-aimé monastère. Là, Dieu l'attendait, il la voulait là, pendant sa vie et après sa mort ; là devait s'achever l'œuvre excellente de sa sanctification personnelle ; là elle devait expier pour les iniquités de la terre, mériter pour les siens cette surabondance de vie qui pendant si longtemps se traduisit par de hauts faits, de grands actes de dévouement, et la perpétuité d'une glorieuse famille. Dans cette heureuse solitude, elle allait exhaler le suave parfum de ses héroïques vertus, embaumer la contrée de la douce odeur de sa piété généreuse, et nous laisser, dans la suite des siècles, la trace ineffaçable de ses œuvres si méritoires dont les heureux effets devant Dieu ne cessent de s'étendre sur les enfants des hommes qui viennent l'implorer.

# IX



Dans cet Orient où, de nos jours encore, la femme humiliée vit à part sous sa tente, il fallait, dès les premiers jours de l'Église, choisir des veuves et des vierges éprouvées par les ans et par la vertu, qui eussent mission d'approcher les femmes, de les préparer à la vérité, de les retirer des eaux du baptême, de leur donner aussi les soins que réclamaient les infirmités ou les ans.

Telle fut l'origine de l'institution si touchante des diaconesses.

Ce n'était point *un ordre* qui répondit au *diaconat* des lévites, mais une faveur spéciale, une dignité grandement estimée, fort honorée des fidèles et des païens eux-mêmes, qui fut toujours la récompense de la vertu.

Or, l'Église, par ses prières, ses rites sacrés, ses cérémonies vénérables, ennoblit toutes choses, entoure de respect, élève à la dignité *de sacramentaux* objets et personnes qu'elle sanctifie de la sorte, et, dans ses rituels et pontificaux, elle détermine tout un ensemble de rites admirables pour la consécration de la diaconesse.

Depuis de longs siècles, ces pieuses cérémonies n'ont plus lieu nulle part et dans aucun rit. Mais, parmi les chartreux, dans et cordre où tout demeure, où jamais rien ne change, la consécration des vierges chartreuses comme diaconesses s'est perpétuée.

Ce fut en 1288, à l'âge de vingt-cinq ans, que Roseline, à la tête de ses compagnes qui avaient mérité comme elle un si grand honneur, reçut des mains de Bertrand de Favas, évêque de Fréjus, la consécration et les insignes du diaconat.

La chapelle, en ce jour, se trouva trop étroite devant l'immense affluence de pieux fidèles accourus de tous les lieux dépendants de la seigneurie et du château des Arcs.

Des mains intelligentes avaient paré l'autel, orné le sanctuaire, fait avec grande pompe tous les apprêts des noces de l'Époux. Riches draperies, joyeuses verdures, moelleux tapis, fleurs embaumées. brillants luminaires, mélodies ravissantes, silence encore plus mélodieux, et, par-dessus tout, l'innocence des saintes vierges, le recueillement de la foule, l'universel attendrissement et les larmes qui, d'elles-mêmes, coulaient abondamment des yeux, donnaient à ce spectacle une image des cieux.

Au chant des antiennes sacrées, le pontife s'avance ; il revêt, assis sur son trône, les glorieux insignes de ses hautes fonctions.

Soudain s'ouvrent les portes claustrales, et voici radieuse, brillante d'innocence, belle de la grâce divine, l'heureuse Roseline suivie de ses compagnes.

Un dialogue sacré, dicté par l'Esprit saint dans le livre de la prière, commence à l'instant entre l'ami de l'Époux et les vierges choisies.

« Père, dit l'archidiacre, présentez à l'Époux ces vierges innocentes.

— Savez-vous, répond le pontife, si, par leur pureté sans tache, elles sont dignes d'un tel honneur ?

— Autant que le peut affirmer l'humaine faiblesse, père, je vous l'assure. Venez donc, vierges sages, et, devant le divin Époux, déclarez si jusqu'à la mort vous garderez l'éclat de la virginité. »

Et la main dans la main du pontife, au nom de ses compagnes, Roseline affirma par trois fois sa résolution généreuse.

Prosternées contre terre, les vierges victimes reçoivent longuement les bénédictions de l'évêque, et celle des saints dont on invoque pour elles l'intercession glorieuse.

Le chant du *Veni Creator*, l'appel sur ces hosties vivantes du sanctificateur suprême clôt ces invocations, et l'évêque bénit les ornements sacrés :

*L'anneau*, gage mystérieux de l'alliance nuptiale ;

*Le voile*, qui pour toujours doit cacher aux profanes regards une face innocente réservée à l'Époux des vierges ;

*La couronne*, insigne glorieux que le roi des rois réserve aux reines ses épouses ;

*L'étole*, privilège du diacre et que le regard étonné voit imposer au cou d'une femme fût-elle vierge ; c'est la gloire des vierges chartreuses ;

*Le manipule*, sur le bras droit à l'encontre du sous-diacre, pour figurer l'abondance des bonnes œuvres ;

*La croix*, véritable sceau de l'Époux qu'il faut placer et sur son cœur et sur son bras, afin que son amour seul brûle et consume l'âme et qu'il se traduise au dehors par la générosité dans les actes ;

*Le bréviaire* ou livre d'office, car l'unique emploi de l'épouse doit être désormais de parler à l'Époux, de chanter ses louanges et de publier ses bienfaits.

Quelle fut belle Roseline, en ce jour, dans tout l'éclat de sa jeunesse et de son innocence, sous les insignes glorieux de sa royauté virginale !

Vous avez, par un seul regard, par un seul cri de l'âme et par un seul soupir, fait à mon cœur, ô mon épouse, une profonde et bien douce blessure ! Courez désormais avec vos compagnes sur les pas embaumés de l'Époux ; c'est lui qui vous entraîne, et rien n'arrêtera plus vos élans vers le ciel.

Les vierges viennent à l'offrande ; le sacrifice saint dans le ravissement s'achève, et l'union sainte se consomme au festin nuptial.

Versez de douces larmes, demeurez immobile sous le poids de votre émotion, ô pieuse assistance, ne détachez plus vos regards du front transformé de ces vierges ; elles vous ont perdue de vue ; elles ont oublié le monde ; leur conversation est au ciel, leur société avec les anges ; et que pourrait à l'avenir leur cœur brûlant d'amour demander à la terre ? Le ciel pour elles est là partout où se porte l'Époux ; et trop heureuses de l'avoir trouvé, elles sacrifient généreusement pour le posséder toutes les délices du monde, et d'un pas affermi, dans les enivrements de la virginité, elles vont à sa suite sur les âpres sommets des renoncements et des sacrifices.

La journée s'écoula, comme tout s'écoule en ce monde ; on cherchait Roseline, on la contemplait sans oser interrompre son extase sublime. Aucune nourriture ne put lui être offerte, et, comme l'ange Raphaël, elle vivait d'un mets invisible ; comme son divin Maître, la volonté du Père céleste la rassasiait. Elle voyait, elle entendait, elle assistait à tous les exercices que réclamait l'obéissance ; mais que nul ne lui soit à charge, elle porte, comme saint Paul, l'image même de Jésus-Christ. La journée se passa pour elle dans un ravissement sublime, dans une douce extase que ses sœurs admiraient sans oser la troubler.

## X



De l'an 1285, jusqu'en janvier 1329, la bienheureuse Roseline vécut à la Celle-Roubaud,
priant, travaillant et se sanctifiant dans le silence
de la solitude et sous l'œil de Dieu.

Quarante-quatre ans de séjour dans un cloître,
quelle vie perdue, dit le monde ! mais aux yeux
de la foi, quel trésor de mérites ! quelle abondante moisson de vertus et d'actes religieux !
A la puissance toujours efficace de son intercession, il est permis de présumer ce qu'elle a mérité
de gloire pour elle, et pour nous, ses heureux
clients, de grâces et de bienfaits. Car Dieu,
pour édifier son Église et encourager ses enfants,
a voulu que par la communion des saints il se
fît des mérites de ses élus un commun trésor,
une richesse inépuisable, où chacun, à toute
heure et selon ses besoins, pût venir puiser par
la foi et par la prière.

Fortunées sœurs de Roseline, plus heureuses
dans votre cloître que les servantes de Salomon,
vous avez contemplé de vos yeux, pendant ces
longues années, sa vie angélique, entendu ses
douces paroles toujours parfumées de l'arôme

des Écritures dont la méditation nuit et jour l'occupait, et que ses mains intelligentes transcrivaient avec art !

Dès les premiers jours de l'Église, il fut donné aux hommes de contempler, dans la fondation du royaume des âmes, la puissance de la prière. Tandis que les hommes d'action dépensaient leur activité dans la prédication de la parole sainte, les oraisons des petits et des humbles attiraient la fécondité sur la bonne semence. Instruits par l'exemple du Maître, les apôtres jamais ne séparaient cette double fonction de leur ministère sacré ; mais, seuls, les douze élus eurent le privilège d'unir, dans une perfection que nul jamais n'égala, l'activité de Marthe et la contemplation tranquille de Marie.

Dans les fondateurs des ordres religieux, voués à la prière, et qui font du désert un florissant Carmel, l'Église, dès l'abord, reconnut l'Esprit du seigneur et le puissant secours qu'allaient procurer aux apôtres les gémissements des colombes et les larmes des vierges.

Or, la vie sociale au xiii<sup>e</sup> siècle semblait se concentrer et se raviver dans le cloître ; là, dans la solitude et dans l'union à Dieu, naissaient les nobles projets, les sublimes pensées ; et les hommes de la prière, plus que les hommes d'armes, furent les vrais initiateurs, les acteurs, les héros des grandes entreprises.

Au temps de sainte Roseline, les nations chrétiennes suivaient avec docilité l'impulsion généreuse donnée par les deux héros de ce siècle, saint François et saint Dominique.

La salutaire influence que ces fondateurs de deux familles religieuses exercèrent alors dans le monde et surtout en Europe au point de vue intellectuel, social, artistique, agricole et industriel est incalculable ; il demeure pour les modernes utopistes un phénomène inexplicable.

Une âme en communication avec Dieu, simple comme François ou docte comme Dominique, signale à l'Europe endormie l'hérésie albigeoise et l'Islam menaçant, et soudain l'épée de Simon de Montfort a raison de l'erreur, et le croissant recule devant la valeur des croisés.

Avec moins d'éclat et moins d'étendue, et non moins de succès dans une sphère plus restreinte, une humble vierge, Roseline, fut l'inspiratrice de lointaines expéditions du comte de Provence, qui donna la paix aux contrées Gapençaises. Après son retour de Bertaud aux Arcs, pendant les longues années de sa solitude, par ses conseils, par ses prières et par les efforts de sa famille, elle aida puissamment à la délivrance de Charles d'Anjou. Pleins de vénération pour la prudence consommée, les hautes vues de leur sœur, les vaillants membres de sa famille venaient à la Celle-Roubaud la consulter comme un oracle. Ils avaient, dès longtemps, reconnu que l'Esprit de Dieu était le principe de sa sagesse. Son frère surtout, le grand maître des chevaliers de Rhodes, le valeureux Hélion, n'osait rien entreprendre que sur les conseils de sa sœur; lui attribuant, et pour cause, le glorieux succès de ses armes.

La clôture des monastères n'était alors observée qu'à demi, ce qui permettait à la parenté nombreuse et puissante des vierges de la Celle-Roubaud de venir à toute heure demander lumière et prière. Une telle facilité d'interrompre la solitude ouvrait la porte à de graves abus, et Boniface VIII, en 1298, mit pour toujours un terme à ces visites importunes, en prescrivant les règles sévères qui depuis font loi dans l'Église.

Si, pour la nature toujours sensible, les prohibitions furent douloureuses, dans une contrée où Roseline comptait tant d'amis, de sœurs et de frères, la vie de l'intérieur y gagna; l'influence à l'extérieur, en apparence refoulée, prit au contraire un élan nouveau dans des prières plus abondantes et des conversations avec Dieu plus intimes.

La vie de la religieuse cloîtrée s'écoule dans un double courant dont les flots sortant d'une source unique courent parallèlement se confondre en éclatants mérites dans le sein de l'éternité : le travail des mains et les labeurs intellectuels, dont la fin est la même, la sanctification personnelle par la mortification de l'âme et du corps. Ces exercices spirituels réclament la plus grande partie de la journée pour une âme vouée au service du divin Maître, et le travail des mains, autre forme de la prière, devient la pénitence corporelle, l'obéissance au commandement fait à l'homme pécheur de ne manger son pain qu'au prix de ses sueurs.

La prière que la religieuse ne doit jamais interrompre devient le chant de l'office sacré, la récitation tantôt publique et tantôt privée de ce mystérieux rosaire, que saint Dominique avait mis en si grand honneur; puis la méditation toujours laborieuse, la douce contemplation, le repos à la Table sainte, les visites à l'Époux, voilé au fond du tabernacle, les veillées de nuit près des saints autels. Et dans la règle carthusienne cette série d'actes de piété, solitairement accomplis, multipliés à volonté dans le secret de la cellule.

Il est dit au sacré cantique que les doigts de l'épouse distillent la myrrhe, car l'Époux luimême est un bouquet d'aloès et de fleurs amères.

A toute épouse aimée, Jésus s'offre avec sa couronne et son lit de douleur. L'amour toujours vécut de sacrifice ; l'on ne peut entretenir sa flamme que par la verge de l'affliction. Vous ne trouvez pas de vertu qui se conserve et surtout qui progresse sans la pénitence et le crucifiement. C'est toujours à la croix que l'âme se mesure, et les plus grands saints ont appris de saint Paul, que pour être à Jésus il faut avoir avec lui crucifié sa chair.

Pendant une de ces nuits vouées à la veille

de la prière et de la pénitence, l'Epoux divin s'offrit à Roseline.

Sa tête ensanglantée portait la couronne d'épines, et sur ses épaules meurtries la croix pesait lourdement. « O bon Maître, demanda la vierge, en quel état vous montrez-vous ? Quels ingrats ont sur votre corps renouvelé de tels outrages ? — Les disciples honteux de Manès ont au sein de l'Église rouvert les plaies de ma douloureuse Passion. Veux-tu la partager avec moi ? Veux-tu offrir à mon divin Père une sanglante réparation ? Et par la souffrance obtenir la paix de l'Église ? »

A cet appel, la généreuse vierge déchire son corps innocent sous les coups de la discipline ; le sang coulait abondamment sur le pavé de sa cellule. Combien de fois, dans le silence de la nuit, les anges furent les témoins de ces sanglantes scènes ! Ce qui manquait aux souffrances de Jésus-Christ fut accompli sur le corps d'une vierge, et des jours de prospérité brillèrent enfin pour l'Église.

Les travaux manuels que les anciens nommaient *œuvres serviles* et que, par son exemple, Jésus a sanctifiés, sont pour l'ordinaire peu compliqués dans un monastère de religieuses. Les soins d'une maison pour l'entretien général, et pour la préparation de la nourriture, sont réservés à des sœurs moins aptes au chant des offices, aux simples, aux novices, et nous avons vu comment la bienheureuse savait s'acquitter de cet humble emploi ; parfois, sans distinction d'âge ou de dignité, chaque mère à son tour remplit cet humble ministère que rehausse l'esprit de foi, accomplissant la parole du Maître : « Je suis venu pour servir, non pour être servi. »

Dans ces pieuses luttes, entre l'humilité et l'élévation de la charge, nous savons que Roseline excellait, et pendant les longues années de son fructueux priorat, on la vit toujours la première aux offices sacrés ou profanes, toujours empressée à donner l'exemple des plus humbles travaux et du plus complet dévouement, oublieuse à la fois de sa noble origine et de sa haute dignité.

La confection des vêtements des pauvres allait de pair avec les broderies et les réparations des ornements sacrés. L'intelligence de ses mains virginales pour l'ornementation et la parure du sanctuaire n'a pas été surpassée par l'habileté des ouvriers modernes. Et qui sait si les doigts pieux de Roseline n'ont été pour rien dans les ornements de son proche parent, le doux évêque de Toulouse, Louis de Brignoles, dessins et broderies qui font encore à Saint-Maximin l'admiration des artistes ?

Au-dessus de toute occupation, de tout travail manuel, de toute étude, même pour ne pas dire du soin des pauvres, Roseline avait pour la transcription des saints livres un amour de prédilection. Ayant appris du divin Maître que là se trouve la vie, elle marchait sur les nobles traces des Eustochium, des Paula, lisant, méditant, apprenant, écrivant les pages sacrées, enrichissant de ses précieux manuscrits la bibliothèque du monastère, et faisant de son cœur, comme dit saint Jérôme, une bibliothèque autrement précieuse à Jésus son Époux.

Sachant que sous l'écorce de la lettre et sous les voiles eucharistiques la foi révèle le même Dieu, qu'un respect égal, selon saint Augustin, est dû au pain sacré et à la divine parole, elle manifestait l'amour des saints autels en ornant les sacrés tabernacles, et le respect des saintes Écritures en les transcrivant avec art sur le papyrus et sur le parchemin, déployant une habileté rare dans l'emploi des encres d'azur, de carmin, ou d'or et d'argent.

Par son exemple et ses leçons, elle avait formé toute une école de jeunes copistes artistes, leur inspirant le respect et l'amour des livres sacrés, et leur montrant, en sa conduite, comment il faut guider ses pas dans les durs sentiers de la vie au brillant flambeau de la loi de Dieu.

O bienheureuse Roseline, inspirez à toutes vos sœurs, les épouses de Jésus, l'étude et l'amour de la sainte parole ; obtenez-en l'intelligence et le goût aux ministres du sanctuaire. Aucune étude, vous le savez, ne rapproche plus du cœur de Jésus.

A la Celle-Roubaud, selon les règlements des chartreuses, on ne s'occupait point de l'éducation des jeunes personnes ; mais la formation des novices, dans une communauté religieuse, a toujours réclamé la plus grande sollicitude.

Si les exercices corporels, d'après saint Paul, d'une utilité fort légère, étaient peu en honneur, tout ce qui tient à la piété occupait une grande place. Or, pour des religieuses destinées à remplir sur la terre auprès des tabernacles saints les fonctions des anges du ciel, le chant sacré, l'exercice des cérémonies religieuses, avaient une capitale importance.

Tout est grand dans le palais du Roi des rois; et quand la créature a le suprême honneur d'être admise à son audience, qu'elle s'adresse à lui dans la forme ordinaire de la prière, ou dans poétique langue des psaumes, tous les actes extérieurs participent de l'oraison selon la pensée de l'Eglise : l'intonation, le chant, les inflexions de voix, la prostration du corps, les inclinations, les signes de croix doivent respirer le respect et la déférence, manifester l'ardent amour du cœur et les élans d'une âme qui désire, avec le prophète, voir comme un encens sa brûlante prière monter sur les ailes des anges jusqu'au trône du Tout-Puissant.

Dans la solitude de la Celle Roubaud, comme jadis au château de ses pères, Roseline avait une cour toujours plus empressée, toujours plus nombreuse : la cour des indigents, des malheureux, des pauvres. Tant que les lois sur la clôture laissèrent pleine liberté, la foule des

souffrants affluait à l'intérieur, non sans troubler parfois le recueillement des pieuses recluses ;
mais le respect des pauvres fermait la bouche
à tout murmure et devenait encore une forme
de la prière.

Pour obéir aux ordres du pontife, il fallut, en
dehors du cloître, établir un suffisant dispen-
saire, pour recevoir, vêtir, nourrir les affamés
et panser les plaies des blessés.

La charité avait improvisé des servantes des
pauvres ; bientôt ce fut une émulation sainte,
une admirable lutte pour être désignée à servir
Jésus-Christ dans ses membres souffrants. Mais,
si délicats et si empressés que fussent les soins
accordés à cette foule renouvelée sans cesse, les
plus souffrants réclamaient Roseline, sa main
possédait le don de guérir, et son sourire gracieux apaisait la souffrance, la parole de tendre
compassion tombée de ses lèvres avait plus d'ef-
ficacité que le plus salutaire remède.

Cette grâce de soulager, ce don de calmer la
douleur et de sécher les larmes n'a point entièrement disparu.

Nul n'est venu vénérer ses reliques et ne
s'est retiré d'auprès de son tombeau sans éprou-
ver sur le corps ou dans l'âme qu'une vertu se-
crète s'en échappe toujours.

# XI



Jeanne de Villeneuve sentait s'aggraver sous
le poids des ans le fardeau de sa charge, et
dans son pieux désir de préparer son entrée à la
vie éternelle, elle demanda grâce et déposa sa
dignité. Ses filles éplorées regardaient Roseline;
seule cette mère chérie pouvait dignement
accepter un tel héritage. En vain l'humble
diaconesse opposait à ce choix d'énergiques
refus, il lui fallut courber la tête et céder à
l'obéissance. Ainsi le décidait Boson, prieur
général des chartreux.

C'était en l'an 1300, alors que le pape Boniface VIII, pour la première fois, promulgua solennellement la grande indulgence du jubilé,
dont il fixa le retour avec le cours de chaque
siècle.

La même année, Jacques d'Ossat, ou d'Eusse,
prit possession du siège de Fréjus qu'il devait
peu d'années après échanger pour le pontificat
suprême. Ami des de Villeneuve, connaissant
la haute vertu de la nouvelle élue, Jacques
d'Ossat voulut présider lui-même à l'installation de la noble prieure. Il vint à la Celle-Rou-

baud, amenant avec lui le frère même de Roseline, Elzéard de Villeneuve, qui, de chanoine
de Fréjus, devint plus tard évêque de Digne.

Ce fut en grande pompe, à la joie non dissi-
mulée de la famille religieuse et de l'illustre
parenté accourue nombreuse à la cérémonie,
que le pontife procéda à la bénédiction solennelle et à l'installation de la prieure ; seule Roseline pleurait à la pensée des graves devoirs que
lui imposait désormais cette charge nouvelle.

Ce long et fructueux priorat, de 1300 à 1329,
ne fut point en effet un temps de calme et de
quiétude. Dans sa modeste solitude, l'humble
vierge veillait et priait, portant une égale sollicitude à toute les maisons de l'ordre en Provence
et en Dauphiné ; obtenant protection et secours
au milieu des vexations de toutes sortes dont les
accablaient les seigneurs et leurs peuples. Sa
haute intelligence se rendait attentive et saintement intéressée aux grandes luttes de l'Église,
dont le champ de bataille fut la haute mer dans
ces contrées de l'Orient que saint Louis n'avait
pu sauver.

Ses ardentes prières, les aumônes plus abondantes, les actes héroïques de pénitence, d'abnégation furent les armes qu'elle mit aux
mains de ses filles de la Celle-Roubaud, dont elle
porta la ferveur et la prospérité à son plus haut
apogée.

Par sa prudence consommée, par sa grande
sagesse, par ses conseils muris dans l'oraison,

elle fut l'âme des grandes entreprises, des succès éclatants des chevaliers de Jérusalem, devenus chevaliers de Rhodes, qui commencèrent sous son frère Hélion, et poursuivirent pendant deux siècles, au profit de l'Europe chrétienne, la liberté de la navigation, contre les pirates des mers.

Le châtelain des Arcs, frère de la sainte, avait la glorieuse charge des intérêts religieux du diocèse de Fréjus jusqu'à la Verne ; un autre frère, Raymond de Villeneuve, était gouverneur de Marseille, et un troisième, Reynaud, chancelier du duc de Tarente ; Hélion, le plus grand de tous, commandait les chevaliers de Rhodes. Le mari de sa sœur Béatrix, Villeneuve, de Vence, avait la dignité de grand sénéchal de Provence, pendant que son cousin, Elzéard de Sabran, jouissait du plus grand crédit à la cour du roi de Sicile. Dans l'Eglise, un autre frère de notre sainte, Elzéard de Villeneuve nommé par Jacques d'Ossat chanoine de Fréjus, plus tard de Marseille, enfin évêque de Digne, après son oncle Guillaume de Sabran, devait avoir l'honneur de relever de terre le corps de sa sœur.

Jean XXII, depuis la rencontre qu'il fit de Roseline, dans le château du comte de Provence, n'avait jamais perdu de vue l'héroïque vierge. Précepteur des jeunes princes de la contrée, évêque de Fréjus, il avait présidé lui-même à son entrée dans le priorat. Pontife suprême, il s'était plû, en toute occurrence, à lui assurer l'appui des seigneurs et des comtes, à lui manifester son paternel amour ; père de tous les fidèles, du haut de son trône d'Avignon, il veilla avec une tendre sollicitude à la ferveur des jeunes vierges de la Celle-Roubaud. Dans un bref célèbre, il fait de cette maison de prières l'éloge le plus délicat, relevant en termes exquis la haute vertu de l'humble prieure. Et pour subvenir à leur entretien, il ordonne qu'à l'avenir les produits et les revenus de l'église rurale de Saint-Martin des Arcs leur resteront acquis (1).

Ce n'était donc pas seulement dans l'étroite enceinte du cloître que s'exerçait l'influence heureuse de sainte Roseline. Sa sainteté rayonnait au dehors, et si peu d'œuvres éclatantes furent entreprises en ces temps sans que la vaillance des de Villeneuve en assurât le succès, on peut hautement affirmer qu'aucun membre de sa famille n'entreprit jamais rien de grand sans avoir réclamé l'appui de ses lumières. Et c'est ainsi qu'une humble recluse eut sa part des labeurs et des gloires dont la Provence et de plus lointaines contrées devinrent le théâtre.

Le nouvel Israël, le peuple chrétien, fut toujours ramené de ses voies perverses par le châtiment ; car Dieu, dit l'historien sacré, ne nous traite pas comme les nations infidèles. Il perd

______

(1) Cette église, depuis longtemps détruite, était sise avec son cimetière au lieu qui porte encore son nom.

pour toujours les peuples rebelles, mais il nous afflige et nous corrige comme des enfants.

Sous le priorat de Roseline, par trois fois la famine, avec ses horreurs, vint apporter la désolation dans le peuple. En 1320, après un hiver rigoureux qui détruisit nos oliviers et nos vignes ; en 1314, à la suite d'incessantes pluies qui, faisant déborder les torrents, arrêtèrent les labours et détruisirent dans leurs germes toutes les récoltes ; et, plus tard encore, à la suite de tous ces fléaux réunis, Roseline fut comme toujours la providence vivante des affamés, pour elle et pour ses sœurs, fières de marcher sur les traces de leur digne mère ; elle réduisit au dessous même du nécessaire la nourriture déjà si restreinte, afin de secourir ceux que tourmentait la douleur de la faim.

Renouvelant dans sa solitude l'abstinence des anachorètes, elle vivait des semaines entières du seul pain de l'Eucharistie, et son alimentation quotidienne, sans un miracle de la grâce, n'aurait pu retenir la vie dans un corps affaibli par la pénitence et spiritualisé par l'amour.

Malades, affamés, désolés ou souffrants, tous accouraient au toit hospitalier de la Celle-Roubaud. Le pain, les aliments, les soins corporels avaient un vrai prix aux yeux de ces infortunés, mais rien n'égalait pour eux un regard, un sourire compatissant, une affectueuse parole de Roseline. L'infatigable mère, condescendant à ces pieux désirs, était à toute heure au milieu de ces foules désolées, accourant auprès d'elle de tous les bourgs voisins. On dit qu'il fallut même en leur faveur obtenir des adoucissements aux lois sévères de la clôture.

Il n'était pas sans grave inconvénient de se présenter devant cette vierge l'âme chargée de péchés mortels. Comme plus tard, Philippe de Néri, l'odeur du péché que son cœur délicat percevait de loin lui devenait insupportable ; son regard sévère, une parole dite à l'oreille, un geste vers le crucifix rappelait à ces malheureux l'état criminel de leur âme. Car si l'œil de la chair ne voit que le corps dans l'homme qui souffre, la foi révèle dans le péché un mal plus affreux que toute souffrance terrestre, et les saints, éclairés d'en haut, ont une compassion plus touchante encore pour l'âme privée de la grâce, que pour le pauvre qui manque de pain.

Ces sollicitudes, ces soins, n'étaient pour Roseline qu'un devoir secondaire. En l'établissant au-dessus de ses sœurs, l'Église lui avait donné charge d'âmes, et les âmes qu'elle devait diriger dans les voies du ciel avaient l'incomparable honneur d'être les épouses du Roi des rois.

Telle qu'une caressante nourrice, elle donnait aux novices le lait des enfants, les éléments de la piété dans l'ordre de la vie surnaturelle ; aux âmes de ses sœurs, fortes et généreuses, la saine nourriture du renoncement, de l'abnégation ; adoucissant la voix, changeant de procédés selon les caractères, avertissant et reprenant, priant et suppliant, exhortant et parfois menaçant, hélas même, frappant de la verge de la parole quand de dures nécessités la contraignaient à ces rigueurs. Humble et douce envers tous, elle agissait en mère à l'égard des plus jeunes, en fille et en sœur envers celles que l'âge rendait ses égales ou ses supérieures. Modeste en tout et d'accès facile, elle restait ferme et inébranlable devant la prescription et les ordonnances, s'opposant comme un mur d'airain aux transgressions toujours si faciles et même excusables de ces mille petites lois qui dans les règlements des communautés religieuses forment les grandes âmes. Exemple elle-même de toutes les sœurs dans les paroles, dans les devoirs, dans l'observance des moindres préceptes, sa vue seule, sa présence grave, sans affectation et toute remplie de la vue de Dieu, présent sans cesse à sa pensée, inspirait force aux faibles, aux tièdes ferveur, à toutes empressement et zèle à servir ce grand Maître qui tient compte d'un seul soupir.

Elle avait d'elle-même un sentiment trop humble pour dire avec saint Paul : « Marchez sur mes traces et soyez mes imitateurs, comme je le suis de Jésus-Christ », mais sa conduite le disait. Sa vue pouvait servir de vivante règle, et chacun de ses actes en était la frappante interprétation ; la communauté tout entière se modelait à ses exemples, et de ses traces salutaires il s'exhalait comme une chaleur bienfaisante qui réchauffait les tièdes et donnait aux âmes ferventes une nouvelle ardeur.

Jamais les vierges de la Celle-Roubaud ne montèrent plus haut dans les voies de la perfection ;
jamais parterre de lis n'offrit à l'Agneau divin
un plus doux paturage ; jamais monastère de
vierges ne jouit d'une paix plus profonde ; jamais ferveur plus généreuse, lutte plus héroïque pour devancer ses sœurs, pour atteindre
la supérieure dans les âpres sentiers des mortifications, des saintes veilles, des ardentes
prières. Tandis que, par leur piété, ces vierges
brillaient dans le firmament de l'Église comme
des astres radieux, Roseline, dans tout l'éclat
d'un sublime rayonnement, attirait les regards
des anges, conduisant d'un pas sûr au divin
Époux les nombreuses vierges formant autour
d'elle la plus belle couronne.

Pour préserver de la corruption, le sel jamais
ne doit être affadi, et pour qu'elle brille au
dehors, il ne faut point tenir la lumière sous le
boisseau. Car, dit le divin Maître, si votre œil
est mauvais, si votre intérieur est plein de ténèbres, vos sentiers, ni pour vous ni pour ceux
qui vous suivent, ne seront lumineux.

Qui oserait d'un profane regard mesurer les
sommets des vertus de cette héroïque prieure ?
Seul l'Esprit du Seigneur connaît la profondeur
des œuvres de Dieu. Si elle exigeait de ses
sœurs de tels actes de perfection, que n'accomplissait-elle point elle-même en secret ou en

leur présence ? Si ses exemples ont produit de tels fruits sur celles qui en furent les heureux témoins, que n'obtenaient-ils point de l'Époux divin pour sa sanctification personnelle ? L'homme ne voit que les dehors, Dieu seul connaît l'intérieur ; or, il est écrit que rien de caché qui ne doive un jour être révélé. Quelle sera donc dans le ciel la consolation des élus de lire à découvert, dans la gloire des saints, les hauts faits de leur vie temporelle ? Qu'ils pèseront et compteront peu auprès des héros de la foi les grands, les superbes du monde ? Quand, selon Bossuet, les empires seront détruits, avec eux l'histoire, on racontera dans le ciel, on louera éternellement un acte de renoncement, un secret élan d'un cœur embrasé, un seul verre d'eau froide donné à l'indigent, mais au nom de Jésus.

Alors, ô vierge admirable, nous connaîtrons à quel sublime degré s'est porté votre amour pour Dieu ; nous saurons par quel renoncement héroïque vous avez sacrifié pour lui plaire tous les avantages du monde ; nous comprendrons que si dans le ciel vous êtes devenue la compagne des anges, c'est que sur la terre jadis vous avez vécu de leur vie. Plus de cinq siècles de biens spirituels, de grâces temporelles de toutes sortes déversées sur les peuples, sans amoindrir votre pouvoir sur le cœur de l'Époux, disent assez quel immense trésor de gloire et de mérites vous avez amassé dans la solitude de la Celle-Roubaud.

# XII



L'appel de l'Époux s'était fait entendre par la voix des ans, et cette vierge sage se voyant à l'entrée des années éternelles, qu'elle avait méditées pendant toute sa vie, craignant que sous le poids des jours et des sollicitudes, sa ferveur sommeillant, sa lampe ne vînt à s'éteindre, supplia ses sœurs et ses filles de lui *faire miséricorde* en acceptant sa démission.

Ainsi, du reste, avait fait vingt ans auparavant Jeanne de Villeneuve, sa tante bien aimée ; mais celle-ci, en disparaissant, ne mourait pas tout entière ; elle laissait après elle une fille semblable à elle et qui devait la surpasser.

Roseline avait bien auprès d'elle sa nièce Marguerite, vraie pierre de haut prix, digne fille d'une telle tante, mais les desseins de Dieu ne sont point ceux des hommes : Joseph Barsabbas, surnommé le juste, malgré sa grande vertu et l'approbation des apôtres, se vit par l'Esprit-Saint préférer Mathias. Marguerite, malgré ses vertus, ne devait pas succéder à sa tante.

Au milieu des gémissements de ses sœurs, de leurs prières et de leurs larmes, l'humble prieure déposa au pied des autels les insignes de sa dignité, prête a obéir comme la dernière des sœurs à celle que la voix de Dieu désignerait pour supérieure.

Spectacle touchant, souvent renouvelé dans les communautés religieuses, et que le monde ne voit jamais. Celle que, pendant plus d'un quart de siècle, toutes les sœurs nommaient leur mère, à la voix de laquelle nulle jamais n'aurait désobéi ; celle que toutes voyaient avec une noble fierté, partout dignement occuper la première place ; celle que les gens du dehors vénéraient pour sa sainteté autant et plus que pour son origine et sa dignité éminente, la voilà qui présentement, volontairement, se dépouille des insignes de sa haute charge ; d'un cœur soulagé, d'un visage riant, elle descend du siège élevé d'où elle présidait à la communauté, et simple, modeste, docile, elle s'asseoit humblement à la place que parmi ses sœurs lui donne l'âge seul de sa profession religieuse.

Que de tels sacrifices soient durs à l'amour-propre, telle est la loi de la nature ; mais pour l'âme fidèle qui s'est modelée sur l'obéissance et l'humilité de Jésus dans la pauvreté de la crèche, dans la nudité de la croix, dans ses abaissements sous les saintes espèces ou dans le cœur de sa créature, de tels renoncements sont le couronnement d'une vie héroïque, et le sceau de l'amour.

Sa course est donc remplie, elle avait conservé la foi dans tous les actes de sa vie, par ses prières et par le bras des siens elle avait aussi combattu les combats du Seigneur. Que lui resterait-il désormais à mériter par ses ardents soupirs dans la vallée des larmes, par ses élans de feu vers les collines éternelles. De hâter la venue de l'Époux, et de recevoir de sa main généreuse cette couronne de justice que Dieu réserve à ses amis.

Venez, Seigneur Jésus, venez ainsi disait l'Esprit, ainsi disait l'épouse. Le temps des fleurs est passé, le fruit touche à sa maturité ; ordonnez à votre ange que de sa main pour vous seul il le cueille ; qu'il le transporte en vos divins celliers, et nous tressaillerons en vous d'allégresse dans l'ivresse de vos délices, plus suave et plus forte que l'ivresse du vin.

Roseline survécut peu à son abdication, le temps à peine d'achever sa préparation, de soupirer après l'Époux, de montrer à ses sœurs comment il faut qu'une vierge prudente ravive promptement sa lampe quand elle entend crier : « Voici venir l'Époux ».

L'année 1329, et dès les premiers jours, devait marquer pour elle l'entrée dans la gloire éternelle, et les anges avaient écrit déjà dans les registres le jour de sa naissance au ciel.

Dieu lui avait fait connaître, comme à saint Pierre, que la tente de chair qui abritait son âme allait être enlevée, et telle que le passereau en voyant se briser le fil qui le tenait captif, elle entonnait avec amour le chant de la délivrance.

Digne fille de saint Bruno et des solitaires antiques, elle voulait mourir sur la cendre, l'œil tourné vers le ciel pour que son âme au sortir du corps reconnût sa route. Elle dut, par obéissance, demeurer sur la paille nue. Ses sœurs étaient autour d'elle et sa nièce fidèle voulait assister à son heureux départ.

Le pain des voyageurs, le viatique saint lui est solennellement apporté. Son Dieu, son unique amour, son Époux vient l'honorer de sa présence dans son humble cellule. Son corps affaibli se soulève, son cœur bat avec violence, ses yeux respirent la flamme et sur ses joues amaigries et brûlantes se reflète le feu du saint amour qui la consume. Elle a reçu le pain sacré, et si son âme habite encore son corps, tout signe de vie semble disparu. Jusqu'au soir, même avant dans la nuit, l'extase dura ; c'était un avant-goût du ciel, la mise en possession avant l'heure dernière, du bonheur éternel. Les sœurs se succédaient silencieuses, ravies devant un tel spectacle. N'éveillez point l'épouse qui dort, avant qu'elle-même le veuille ou qu'elle ait entendu la voix de l'Époux.

Faut-il à cette vierge, enivrée déjà du bonheur du ciel, administrer le sacrement qui remet, avec le péché, la peine et les restes du péché même ?

L'Extrème Onction, le vrai sacrement des malades, a pour fin principale, enseigne saint Thomas, de préparer l'âme à faire son entrée dans la gloire éternelle ; elle est comme un baptême qui marque les enfants de l'Église triomphante, et toute âme chrétienne doit s'estimer heureuse de recevoir les onctions saintes à son heure dernière.

Un pieux échange de tendres paroles, d'ardentes prières, de recommandations touchantes s'établit alors entre cette mère mourante et ses filles chéries, ses filles désolées. Deux mots résumèrent ses derniers avis : Confiance et amour. Les sœurs, ne croyant pas l'heure si prochaine, se retirèrent un instant pour les divers emplois de la communauté. Marguerite, seule, resta, elle devait, comme Élisée au départ d'Élie, assister à l'enlèvement de sa mère : « Adieu, ma nièce chérie, adieu pour la dernière fois ; je vais à mon créateur. » Ce fut la dernière parole de Roseline, et voici l'appel de l'Époux.

Soudain une douce et vive lumière inonde de ses feux la cellule et le cloître. Dans le lointain, on entend comme un bruit de pas et les sons mourants d'une harmonie céleste. Les voix sont plus distinctes et les pas annoncent la marche grave de gens qui approchent, saint Bruno, saint Hugues de Grenoble, saint Hugues de Lincoln, en habit de chartreux et l'encensoir à la main, viennent au devant de leur fille, précédant la mère de Dieu qui sur son bras virginal porte l'enfant Jésus.

La divine mère a donné le signal, saint Hugues de Lincoln, par trois fois autour de la cellule, promène l'encensoir et d'un nuage de parfum enveloppe la couche de la vierge mourante.

Qui l'eût cru? le démon, comme au lit de mort de Martin, ose apparaître et réclamer ses droits. Que prétends-tu, bête perfide? quels reproches vas-tu formuler? Elle a sommeillé une après-midi ainsi, dit l'antique serpent, l'accusateur de ses frères, mais il dut s'éloigner dans la honte et la confusion.

C'était la dernière victoire, et l'ennemi lui-même rend témoignage à la vertu de la chartreuse.

Qu'attendez-vous, vierge sage et prudente? Ce Jésus au gracieux sourire, au regard si doux que l'Église invoque au chevet de mort de tous ses enfants, le voilà qui vous tend les bras, et c'est Marie, la reine des vierges, qui l'offre à votre amour, à l'heure suprême où finit votre exil.

Un sourire sublime, que la mort n'effaça jamais et que nos pères plus heureux ont long-temps contemplé, fut la réponse de l'épouse à l'appel de l'Époux, et le signal du départ pour le ciel.

La nature ne put se contraindre ; en voyant sa bien-aimée tante s'envoler au ciel dans l'extase, Marguerite poussa un grand cri que les sœurs entendirent, et toutes accourant tombèrent à genoux, couvrant de baisers et de larmes ce corps qui ne trahissait pas les traces de la mort.

A peine le divin cortège prenait-il son essor

pour l'éternel séjour, que des voix enfantines, par l'ordre du Seigneur, annoncèrent le bienheureux trépas. Aux Arcs, à Trans, à la Motte au Muy et dans les alentours, on entendit sortir de la bouche des plus petits et des enfants à la mamelle ce cri déchirant :

« *La sainte est morte à la Celle-Roubaud.* »

Avant qu'aucun bruit sortit du couvent, avant qu'aucune *voix humaine* eut publié le bienheureux trépas, on vit accourir sous les murs du cloître les foules éplorées. Elles voulaient contempler une fois encore celle que si longtemps elles avaient nommée leur mère. Aujourd'hui un seul nom, *la sainte*, sort de toutes les bouches, et c'est la voix de Dieu qui parle par le peuple.

C'était le 17 janvier 1329, dans la matinée.

Trois jours suffirent à peine à satisfaire la dévotion des fidèles baisant le cercueil, déposant des fleurs, des objets de piété qu'ils emportaient ensuite comme autant de reliques.

Dieu manifesta par d'éclatants miracles la gloire de sa servante : plusieurs aveugles recouvrèrent la vue, de nombreux malades furent guéris, et après trois jours les membres de ce corps virginal conservaient leur flexibilité. Pourquoi ne dirions-nous pas que cinq cents ans plus tard, dans une circonstance solennelle, le corps de la sainte fut mis à découvert ; l'auteur, avec lui plusieurs prêtres, portèrent respectueusement la main sur la sainte relique et sentirent comme un frisson les pénétrer jusqu'au fond de leur âme, et leurs yeux se mouillèrent de larmes ; le pied était frais et flexible, la chair s'abaissant et se relevant sous la pression des doigts.

Revêtue de ses habits de chartreuse, elle reçut en sus les insignes de son diaconat, l'étole sur sa blanche tunique, et le manipule sur le bras droit. Avec les chants de l'Église, les larmes de ses sœurs, les gémissements de la foule, elle fut déposée dans une humble fosse au milieu du cloître, canonisée déjà par la voix du peuple, en attendant les manifestations du ciel et l'autorité de l'Église.

On dit que la terre qui la recouvrait s'exhaussa d'elle-même formant un mausolée au-dessus de ses restes 'que le ver respectait. Du sein de la terre, comme autrefois du sein de sa mère, il s'exhalait un doux parfum de roses. Dans le berceau comme dans la tombe, pendant sa vie et après sa mort, elle a été pour toute l'Église la bonne odeur de Jésus-Christ. Et nous osons affirmer que ce parfum de roses n'est pas tellement disparu qu'il n'ait été perçu par un grand nombre d'âmes fidèles.

Son frère bien-aimé Hélion, le grand maître de Rhodes, fut présent à ses funérailles. Avait-il connu par la voix des anges, par la révélation de sa sœur ou par autre voie humaine ce bienheureux trépas ? Il eut cette consolation suprême, et dans les merveilles dont il fut le témoin heureux, il eut la preuve éclatante de la sainteté de sa sœur.

# XIII



Un demi-siècle à peine s'était écoulé depuis
que le *sergent de Jésus-Christ*, Louis de France,
était mort, victime de son zèle pour le règne du
Maître, en face de Tunis. Délivrés désormais de
ce redoutable adversaire, les pirates des mers,
Maures, Sarrasins et corsaires, avaient repris leurs
courses désastreuses sur nos rivages méditerra-
néens, semant partout l'incendie, la dévastation,
le pillage, massacrant sans pitié les captifs, ou
les jetant dans un dur esclavage plus redoutable que la mort.

Les hospitaliers de Jérusalem, devenus chevaliers de Rhodes, pendant plus de trois siècles,
veillèrent sur nos mers à la sécurité de la
navigation. L'île redoutée des serpents, à l'avenir
l'île des Roses, dans ses contours fleuris con-
tenait ces fières phalanges que n'effrayait
aucun danger, et qu'on ne vit jamais reculer
en face du nombre ou devant la vaillance. Vers
l'an 1328, elles avaient, comme grand maître, le
frère aîné de Roseline, le sage et vaillant Hélion.
Un événement, de haute importance, avait dès
l'abord rendu glorieux son commandement, le

provençal Gozon, avec un courage héroïque, avait seul attaqué, abattu et tué un dragon monstrueux dont avant lui plus d'un chevalier imprudent avait été la victime. Mais le frère de Roseline allait recevoir de sa sœur une délivrance plus glorieuse. En ce temps, dit la chronique populaire, en parfait accord pour le fond avec les données de l'histoire, un grand combat fut livré sur les mers vers les côtes barbares. Les galères des chevaliers, peu nombreuses, et montées par de hardis marins, se trouvèrent en face de toute la flotte des Maures. La lutte fut sanglante, terrible, prolongée, mais le droit succomba, et la force eut encore raison de la valeur, Dieu réservant à ses élus la couronne du ciel, et non les prospérités de la terre. Hélion fut vaincu, ses galères détruites, ses chevaliers ou massacrés, ou chargés comme lui de chaînes pesantes, conduits au fond des états barbaresques et jetés dans d'affreux cachots.

Comme saint Louis captif, il vit le cimeterre promené sur sa tête ; il entendit la terrible menace : Mahomet où la mort. Mais Dieu n'abandonne jamais le juste dans les chaînes; Roseline priait, et Dieu dans une extase lui montra son frère captif et la mort qui le menaçait.

Pendant qu'en son noir cachot, comme autrefois saint Pierre, plein de confiance en Dieu, Hélion dormait d'un paisible sommeil, la prison s'illumine, une douce lumière dissipe les ténèbres, le captif reconnaît sa sœur. A l'instant ses chaînes se brisent, les portes sans bruit s'ouvrent, et le voilà libre et joyeux sur les bords de la mer. La vierge prend son voile et l'étend sur les flots ; sur ce léger esquif que dirigent les anges, en un clin d'œil les deux navigateurs ont abordé les douces côtes de la Provence. Mais Roseline a disparu.

On dit que, porté par la main des anges, Hélion endormi se trouva déposé dans ce lieu si connu, à la division des trois routes et que signale aux pèlerins un oratoire séculaire détruit cent fois et cent fois reconstruit. Aux premières lueurs du jour, il s'éveille et, comme saint Pierre, il se croit le jouet d'une vaine illusion ; l'aspect de ces lieux si pleins de souvenirs, dans le lointain la tour du château de ses pères, lui fait voir la réalité de ce qu'il croit un rêve. Ses larmes coulent abondantes ; il se lève et d'un pas hâtif suit le sentier bien connu du manoir. Mais partout le silence et partout la tristesse ; le château de son frère, ajoute la légende, est en deuil, tout couvert de crèpes funèbres. Frère, a dit le châtelain, notre sœur Roseline est morte. Il n'en est rien, reprend Hélion ; elle me quitte à peine, à elle est due ma délivrance, et sur son voile virginal, comme sur un esquif, j'ai traversé les flots..... La famille éplorée accourut au cloître. A la vue de sa sœur au regard brillant et tourné vers le ciel, le front serein et sur les lèvres un doux sourire, Hélion ne put croire au bienheureux trépas.

Devant la foule émue, il raconta sa merveilleuse histoire ; et les miracles nombreux qui pendant trois jours précédèrent les funérailles, confirmèrent puissamment son récit.

L'histoire des chevaliers de Rhodes rapporte longuement le combat naval d'Hélion, sa défaite et sa captivité. Elle dit que le peuple attribua sa délivrance à l'intercession de sa sœur ; mais elle place ce fait en l'an 1320. Les combats sur mer se renouvelèrent si souvent et avec tant d'acharnement, que l'on peut se tromper sur l'année. On sait d'ailleurs qu'en 1334, Elzéard, évêque de Digne, consacra l'antique chapelle entièrement restaurée par son frère Hélion. Est-il probable que ce grand maître si généreux ait différé quinze ans de témoigner sa reconnaissance ? Il est assurément plus simple de croire que la restauration commencée peu après la mort fut complètement achevée au jour du triomphe.

# XIV



Vos Saints, mon Dieu, germeront comme un lis à vos yeux. Ils exhaleront devant vous le parfum suave du baume.

Le tertre modeste qui couvrait le corps de la sainte ne restait jamais solitaire ; le peuple continuait son pieux concours et la rigide loi de la clôture ne lui permettant pas de prier sur la tombe, les religieuses à toute heure remplissaient ce devoir pour contenter la foi de la foule que Dieu récompensait par des faveurs nombreuses et d'éclatantes guérisons.

Cinq ans de persévérantes prières, loin de lasser la piété des fidèles, lui avaient donné un nouvel élan. Pourquoi cacher sous le boisseau cette lampe ardente qui brillait au loin d'un si vif éclat ? Pourquoi un tel trésor sous terre ? Rendez-nous notre mère ? Dieu par tant de miracles ne révèle-t-il pas sa volonté sainte et la gloire de sa servante ?

Ces glorieuses plaintes furent portées aux pieds du pontife suprême, le protecteur de Roseline, l'ancien évêque de Fréjus qui avait présidé à la prise de possession du priorat de sainte

Roseline, le grand pape Jean XXII trouva légitimes de telles demandes ; heureux de voir que Dieu glorifiait sa vierge, il ordonna qu'on levât de terre ses restes précieux. Ce fut le premier acte solennel, authentique de la glorification de la sainte, le pontife manifesta le désir de procéder canoniquement, selon la loi de l'Église, à la canonisation régulière de la chartreuse de la Celle-Roubaud. Mais six mois après cet acte du grand pontife, en décembre 1334, il passait lui-même à l'éternelle vie.

Le 11 juin 1334, en la fête de la Très Sainte-Trinité, l'évêque de Digne, le propre frère de Roseline, Elzéard de Villeneuve, eut la consolation de procéder à l'exhumation de sa sœur. Barthélémy de Grassi, évêque de Fréjus, à qui le pape avait confié cette heureuse mission, voulut honorer à la fois et la sœur et le frère, en déléguant tous ses pouvoirs à l'Évêque de Digne.

Ce jour est resté mémorable par l'incroyable affluence des peuples et par les miracles sans nombre qui signalèrent de nouveau la vertu de la sainte. Nos pères en reçurent une impression si profonde qu'ils en ont transmis à leurs fils le vivant souvenir ; depuis cette époque, le religieux peuple des Arcs n'a jamais manqué de célébrer avec grande pompe, en ce même jour, chaque année, *le triomphe de sainte Roseline.*

Le corps, après un séjour de cinq ans sous terre, fut retrouvé frais et vermeil, comme l'avaient contemplé les témoins encore vivants de ses funérailles ; ses yeux, qui n'avaient jamais donné un regard aux vanités du monde et qui dans des ravissements souvent renouvelés avaient contemplé les merveilles du ciel, devaient moins que le corps encore voir la corruption du tombeau. Leur pur et brillant éclat impressionna la foule d'une émotion profonde ; on eut dit la Sainte vivante, on eut cru qu'elle allait parler ; poussé par une inspiration qui lui semblait venir du ciel, Elzéard détacha ces yeux de leur orbite ; avec un grand respect il les déposa dans un reliquaire d'argent où le le regard ému, aujourd'hui encore, après plus de cinq siècles peut constater leur permanente incorruptibilité.

Un jour de l'an 1661, Louis XIV et Anne sa mère, accompagnés d'une cour nombreuse, vinrent aux Arcs et à la Celle-Roubaud, pour vénérer les reliques de sainte Roseline ; profondément touchés à la vue de ce corps que la mort respectait, ils admiraient l'éclat limpide des yeux, toujours brillants, toujours incorruptibles ; par une hardiesse excessive, le roi donna l'ordre à son médecin, Antoine Vallot, de piquer l'un des yeux pour s'assurer de la réalité du miracle, et cet œil depuis lors, moins brillant que l'autre, porte la trace de cet acte d'irrévérence à l'égard de la Sainte.

Il était réservé, après deux cents ans, à Mgr Terris, de si chère mémoire, de réparer par des hommages solennels rendus aux yeux de notre Sainte, ce manque de respect de la part du grand roi.

Par l'initiative d'un curé des Arcs, qui par la mort transmit cette charge à son successeur plus heureux, un reliquaire insigne, d'un travail merveilleux, véritable objet d'art, reçut les yeux de la sainte, le 16 octobre 1883, au milieu d'un tressaillement général d'allégresse et d'amour. Trois jours de fêtes joyeuses dans les rues des Arcs, dans la belle église qui reçut aussi la consécration, au tombeau de la sainte où l'on vit affluer, de toutes les paroisses voisines, une foule nombreuse, pleine de respect et de joie, rendirent cet événement à jamais mémorable. A Mgr de Fréjus s'était joint, Mgr Theuret, évêque d'Hermopolis.

De grand matin, de nombreux fidèles accoururent à la chapelle de toutes les paroisses voisines, sous la conduite de leur curé. Avec un zèle ardent et un égal bonheur, le pain de la parole sainte et de l'Eucharistie fut distribué à la pieuse foule par Mgr d'Hermopolis.

Sous le dôme verdoyant des grands arbres eut lieu l'office pontifical, et l'assistance tressaillit aux mâles accents du prélat qui prononça le panégyrique de la Sainte. Une procession gracieuse, à laquelle tous prirent part, se déroula pieuse et recueillie dans les vertes allées du parc, faisant retentir au loin, dans leurs pieux cantiques, les louanges de sainte Roseline; pendant que plus heureux encore, les prêtres, enfants des Arcs, se disputaient, avec les membres de l'illustre famille de Villeneuve, le privilège glorieux de porter triomphalement les yeux miraculeux de la sainte.

Le 11 juin 1334, le corps fut déposé d'abord à l'intérieur de l'église, dans un caveau accessible à la piété des fidèles ; et dix ans plus tard il fut mis sur l'autel ; mais dans une châsse fermée. Ce fut Hugues d'Arpajon, évêque de Marseille, qui le transféra en 1360 dans une châsse nouvelle où le regard pouvait le contempler à travers le cristal.

La fin du xiv<sup>e</sup> siècle et la première partie du siècle suivant furent pour l'Église, pour la France et pour la Provence en particulier un temps de calamités et de dévastation. La guerre de cent ans, le schisme d'Occident, la Jacquerie, les pirates des mers ne donnaient aux malheureux habitants, ni repos ni trèves. Les monastères surtout eurent à souffrir, et la Celle-Roubaud ne fut point épargnée. Les chartreux en abandonnèrent le gouvernement et la possession en 1420, et les religieuses peu nombreuses qui y demeuraient s'affilièrent aux bénédictines de la maison d'Hyères.

Cette union même ne put durer et dans l'impuissance absolue de pourvoir à leur entretien et à leur défense, elles abandonnèrent leur couvent dévasté ; elles reçurent à Trans une généreuse hospitalité auprès de Louis de Villeneuve ; mais une bulle d'Alexandre VI, en 1499, les sécularisa et mit fin pour toujours à cette communauté jadis si prospère.

Au milieu de ces invasions et de ces pillages, les peuples mettaient toute leur sollicitude à dérober les reliques à la fureur des mécréants. Le corps de sainte Roseline fut caché dans l'intérieur de la chapelle qui fut épargnée dans le sac du couvent. De l'an 1420 à 1450, il demeura dans un caveau dont on perdit même la trace. Mais la religieuse population des Arcs qui ne cessa jamais de fréquenter la chapelle, ne pouvait souffrir plus longtemps d'être privée de sa douce patronne.

Pendant que la foule assistait pieusement au saint sacrifice pour demander à Dieu de révéler le lieu qui cachait les reliques, un aveugle soudain s'écria: « Je vois sainte Roseline! » et à l'instant recouvra la vue. Des fouilles faites à l'endroit firent découvrir le corps précieux dans son intégrité parfaite et de nouveau il fut exposé à la vénération des peuples dont le pieux concours ne s'est point ralenti.

# XV



LES RELIGIEUX FRANCISCAINS DE 1504

NOUVELLE TRANSLATION DE 1657 A 1836

Au commencement du xvi° siècle, la famille
de Villeneuve releva le cloître ruiné, restaura
la chapelle, et la garde en fut confiée aux religieux de Saint-François, en 1504.

Le concours du peuple n'avait jamais cessé
et d'abondantes grâces, des guérisons nombreuses récompensaient la piété des fidèles.

En 1657, l'abbé de Villeneuve, prieur des
Arcs et frère du marquis, eut le dessein pieux
d'ériger à sa sainte parente un monument plus
digne d'elle dont il voulut seul supporter les
frais, malgré l'opposition généreuse de sa noble
famille. La Sainte alors fut déposée dans un
cercueil richement doré et placé sous un arceau
gracieux, établi dans le mur de la chapelle,
comme on le voit aujourd'hui encore.

Le 2 juin 1835, le bois de ce mausolée tom-
bant de vétusté, la paroisse des Arcs voulut le
remplacer par une chàsse en marbre. Nous tous
qui, enfants, avons assisté à cette translation
mémorable, nous n'oublierons jamais ni les
frémissements de la foule qui redoutait de voir
le saint corps tomber en poussière, ni son émo-

tion, ni ses pleurs, ni ses cris d'allégresse en le comtemplant dans son intégrité et son incorruption, ni les larmes du pieux pontife, Mgr Michel, en constatant lui-même la flexibilité des membres et la fraîcheur des bras.

On fit toucher aux saintes reliques des objets pieux, on distribua à la foule saintement avide les fragments du suaire, les débris du cercueil, la poussière de l'intérieur, et toute famille a conservé religieusement une parcelle de ces précieux restes.

Le cercueil, plus tard, fut donné aux religieux de Montrieux.

# XVI



A la fin du siècle dernier, les religieux franciscains n'avaient point échappé au relâchement général. Leur peu de zèle dans le service du Seigneur et dans le culte de la Sainte servit de prétexte au marquis de Trans pour demander à Mgr de Beausset, évêque de Fréjus, de transporter dans son château le corps de sa glorieuse parente.

L'évêque y consentit, mais non les habitants des Arcs. Une députation nombreuse et résolue vint soutenir auprès du prélat les droits de sa paroisse. Le pontife céda devant cette légitime demande ; mais, désormais, le nom de l'évêque devint peu populaire ; entre les Arcs et Trans, des animosités se formèrent et se traduisirent parfois, même aux abords de la chapelle, par des manifestations énergiques.

Les trois ou quatre religieux franciscains restèrent à la garde du saint tombeau, jusqu'au jour de leur expulsion. Le monastère fut mis en vente en 1793, et la chapelle rachetée par souscription publique.

Un homme aux idées du temps s'était vanté de paraître aux enchères pour acquérir et jeter aux vents ces restes précieux, objet, disait-il, d'un culte fanatique. A son réveil, il trouva sur le seuil de sa porte un significatif avertissement qui le retint sagement enfermé chez lui tout ce jour.

Par trois fois, le monastère et ses attenances se sont transmis de main en main, sans porter bonheur à leur acquéreur.

De nos jours, les pèlerins toujours plus nombreux sont édifiés du respect religieux que les nouveaux propriétaires manifestent en toute occurrence pour tout ce qui touche au culte de la Sainte.

On dit que des mites introduites dans la châsse menacent les saintes reliques ; diverses fois on a combattu ces ennemis inaccessibles. Dieu, qui n'a pas permis que sa chaste épouse vit jusqu'ici la corruption du tombeau, la défendra des attaques de ces insectes.

Demeurez donc sans crainte, fortunés habitants des Arcs ; mais, par votre piété, par votre foi sincère, méritez du Seigneur que jamais l'arche sainte ne vous soit enlevée.

# LITANIES DE SAINTE ROSELINE

40 jours d'indulgence accordés par Mgr l'Évêque de Fréjus.

Seigneur, ayez pitié de nous.

Jésus-Christ, ayez pitié de nous.

Seigneur, ayez pitié de nous.

Jésus-Christ, écoutez-nous.

Jésus-Christ, exaucez-nous.

Père céleste qui êtes en Dieu, ayez pitié de nous.

Fils Rédempteur du monde qui êtes Dieu, ayez...

Esprit-Saint qui êtes Dieu, ayez...

Trinité sainte qui êtes un seul Dieu, ayez...

Sainte Marie, priez pour nous.

Sainte Roseline,

Sainte Roseline, rose sans épine,

Sainte Roseline, lis sans tache,

Sainte Roseline, honneur de la noblesse,

Sainte Roseline, qui avez méprisé les richesses,

Sainte Roseline, qui avez nourri les pauvres,

Sainte Roseline, qui avez changé le pain en fleurs,

Sainte Roseline, épouse de Jésus-Christ,

Sainte Roseline, temple du Saint-Esprit,

Sainte Roseline, miroir de virginité,

Sainte Roseline, vase de pureté,

Sainte Roseline, vase de foi,

Sainte Roseline, vase de charité,
Sainte Roseline, colonne d'espérance,
Sainte Roseline, digne disciple de saint Bruno,
Sainte Roseline, modèle des chartreuses,
Sainte Roseline, lumière des religieuses,
Sainte Roseline, directrice de vos sœurs,
Sainte Roseline, qui avez vécu comme les ermites,
Sainte Roseline, portrait des humbles,
Sainte Roseline, observatrice du silence,
Sainte Roseline, amante de la pauvreté,
Sainte Roseline, cloître de pureté,
Sainte Roseline, perle précieuse,
Sainte Roseline, plante du paradis,
Sainte Roseline, compagne des anges,
Sainte Roseline, qui préparez les grâces,
Sainte Roseline, qui opérez des miracles,
Sainte Roseline, consolatrice des désolés,
Sainte Roseline, soutien des faibles,
Sainte Roseline, bâton des aveugles,
Sainte Roseline, remède des malades,
Sainte Roseline, avocate des femmes,
Sainte Roseline, fleur toujours embaumée,
Sainte Roseline, dont les yeux sont encore conservés,
Sainte Roseline, patronne des Arcs, votre patrie,

*Priez pour nous.*

Agneau de Dieu, qui effacez les péchés du monde,
pardonnez-nous, Seigneur.

Agneau de Dieu, qui effacez les péchés du monde,
exaucez-nous, Seigneur.

Agneau de Dieu, qui effacez les péchés du monde,
ayez pitié de nous, Seigneur.

Jésus-Christ, écoutez-nous.

Jésus-Christ, exaucez-nous.

Priez pour nous, sainte Roseline.

Afin que nous devenions dignes des promesses de Jésus-Christ.

## PRIONS

O Dieu, pour l'amour de qui la bienheureuse Roseline a foulé aux pieds les attraits d'un monde séducteur afin de s'attacher uniquement à vous, accordez-nous de mépriser, à son exemple, les choses de la terre et de jouir toujours de la participation aux dons célestes, par Jésus-Christ Notre-Seigneur. Ainsi soit-il.

———

Pèlerinages au tombeau de sainte Roseline : tous les vendredis de carême, le dimanche de la Trinité, le 2 août et le 16 octobre.

# CANTIQUE EN L'HONNEUR DE SAINTE ROSELINE

Air : *Goutez âmes ferventes, etc.*

La cloche nous appelle,
Accourons au tombeau
De la Vierge fidèle
Qui partout suit l'agneau.

REFRAIN.

A l'auguste Patronne,
Qui sourit à nos cœurs,
Tressons une couronne
De nos plus belles fleurs.

O rose sans épine,
Tu parfumes les cieux,
Ton nom ô Roseline
Est un nom glorieux.

Dès l'âge le plus tendre,
Jésus est ton Époux,
Tu brûles de lui rendre
L'hommage le plus doux.

L'humanité souffrante
Emeut ton jeune cœur ;
Tu cours impatiente
Sur les pas du malheur.

Mais soudain l'on t'arrête,
Tu regardes les cieux !...
Les pains sois satisfaite,
Sont des lis précieux.

Frappé de ce spectacle,
Son père est tout surpris,
Il s'écrie : O miracle !
Des fleurs du paradis !

Non, du monde volage
Tu n'écouteras pas
Le perfide langage,
Il conduit au trépas.

Mais, dans la solitude
De la loi du Sauveur,
Tu feras ton étude
Et ton plus grand bonheur.

Va, médite en silence
L'austère vérité,
Elance-toi d'avance
Jusqu'à l'éternité.

Modeste violette
Du monde fuis le jour,
Car jamais la tempête
N'a troublé ce séjour.

De la sainte milice
Prends le commandement ;
Sur toi le ciel propice
Veillera constamment.

Ta parole touchante
Ramène les pêcheurs ;
Leur âme pénitente
Déplore ses erreurs.

Tu fais ton bonheur d'être
L'appui des malheureux ;
On te voit apparaître
Au milieu des lépreux.

Exauce leurs prières,
Etends sur eux la main,
En touchant leurs ulcères
Tu les guéris soudain.

Armés pour la défense
De la religion,
Les preux pleins de vaillance
Appellent Hélion.

Monté sur la galère,
Le héros fend les mers,
Dieu ! le vois-tu ton frère
Vaincu, mis dans les fers ?

Hâte-toi, prends des ailes,
Vole le secourir,
Au joug des infidèles
Ta main doit le ravir.

Aussitôt comme une ombre
Tu glisses sur les flots.....
Que ton séjour est sombre !
Frère, quel noir cachot !

Sors, mettons à la voile,
Que la reine du ciel,
Soit notre bonne étoile
Jusqu'au toit paternel.

Sans rame ni boussole
Tu le conduis au port,
Soudain à ta parole
Il s'arrête et s'endort.

Mais bientôt il s'éveille,
Et dit avec transport :
O ciel, quelle merveille,
Je reviens de la mort !

De sa reconnaissance
L'hommage solennel,
Avec magnificence,
Brille sur ton autel.

Puissante protectrice
Exauce tes enfants ;
A nos vœux sois propice.
Daigne agréer nos chants.

Ecarte les orages,
Féconde nos sillons,
Dissipe les nuages,
Et sauve nos moissons.

Si du ciel la colère
Venait fondre sur nous,
O Vierge tutélaire,
Garde-nous de ses coups.

Sur nous, sainte Patronne,
Incline tes regards,
Et du haut de ton trône
Vois le peuple des Arcs.

Toujours de sa faiblesse
Sois l'espoir et l'appui ;
Protége-le sans cesse,
Intercède pour lui.

Puisse-t-il dans la gloire
Te contempler un jour,
Et bénir ta mémoire
Au céleste séjour !

# TABLE


I. Naissance de sainte Roseline. — Merveilleuse
    auréole. — Le château des Arcs . . . . . .    9
II. Le nom de Roseline. — Enfance. — Confirma-
    tion. — Nouvelle auréole . . . . . . . . .    14
III. Charité de l'enfant. — Miracle des roses . . .    20
IV. Vocation religieuse. — Départ des Arcs . . .    26
V. Le noviciat. — Extase . . . . . . . . . . .    31
VI. Le monastère de Bertaud . . . . . . . . .    35
VII. Profession religieuse . . . . . . . . . . .    38
VIII. Retour aux Arcs. — La Celle-Roubaud . . .    40
IX. Le diaconat . . . . . . . . . . . . . . . .    45
X. La vie dans le cloître . . . . . . . . . . .    50
XI. Priorat de Sainte-Roseline. — Son influence
    sur les grands évènements de son temps . .    60
XII. Abdication. — Bienheureux trépas . . . . .    69
XIII. Hélion de Villeneuve. — Captivité. — Déli-
    vrance merveilleuse . . . . . . . . . . .    77
XIV. Les reliques de Sainte-Roseline. — Son corps
    incorruptible. — Son triomphe. — Ses yeux.    84
XV. Les religieux franciscains. — Nouvelle trans-
    lation . . . . . . . . . . . . . . . . . .    87
XVI. Fin de Celle-Roubaud. — Translation solen-
    nelle. — Le reliquaire précieux . . . . .    89
Litanies de sainte Roseline . . . . . . . .    91
Cantique à sainte Roseline . . . . . . . . .    94



IMPR. PAUL BOUSREZ, 5, R. DE LUCÉ, TOURS.

Imp. PAUL BOUSREZ, 5, rue de Lucé, Tours.

www.ingramcontent.com/pod-product-compliance
Lightning Source LLC
LaVergne TN
LVHW021454170726
843501LV00005B/1649